plurall

Esta obra está no **Plurall**.
Baixe o app no seu celular
ou acesse **http://plurall.net**
e descubra uma nova
forma de estudar!

CB142218

AAAFXPB57

LIV EFII AULAS DE REDAÇAO 6ANO AL-AC
263546 Aluno - 381

Atenção! Somente serão liberados conteúdos
e serviços relacionados a esta obra.

Ajuda: @plurallnet

SOMOS
EDUCAÇÃO

Aulas de redação

6º

MARIA APARECIDA NEGRINHO

editora ática

editora ática

Diretora-Geral Editoras Ática e Scipione
Vera Balhestero
Diretora Editorial Editoras Ática e Scipione
Angela Marsiaj
Gerente Editorial Didáticos Editoras Ática e Scipione
Teresa Porto
Gerente de Qualidade e Suporte Editoras Ática e Scipione
Beatriz Mendes
Gerente Editorial Didáticos Ática
Margarete Gomes

Editora: Sueli Campopiano
Gerente de Revisão: Hélia de Jesus Gonsaga
Equipe de Revisão: Kátia Scaff Marques (Coordenação), Célia da Silva Carvalho, Daniel de Febba Santos, Gloria Cunha e Thais Roberto Dassi
Supervisor de Arte: Sérgio Yutaka Suwaki
Equipe de Arte: Andréa Dellamagna (Edição de Arte e Editoração Eletrônica)
Supervisor de Iconografia: Sílvio Kligin
Equipe de Iconografia: Caio Mazzilli (Pesquisa)
Tratamento de Imagem: Cesar Wolf e Fernanda Crevin
Programação Visual de Miolo: Lisa Ho
Programação Visual de Capa: Andréa Dellamagna
Créditos de Ilustrações: Nik Neves (Capa), Evandro Luiz, Faifi, Nik Neves e Theo (Miolo)
Editoração Eletrônica: Luciana Fernandes

Direitos desta edição cedidos à Editora Ática S.A.
Av. Otaviano Alves de Lima, 4400
5º andar e andar intermediário ala "A"
Freguesia do Ó – CEP 02909-900 – São Paulo – SP
Tel.: 0800 115152
www.atica.com.br / editora@atica.com.br

Dados Internacionais de Catalogação na Publicação (CIP)
(Câmara Brasileira do Livro, SP, Brasil)

Negrinho, Maria Aparecida
Aulas de redação / Maria Aparecida Negrinho. – São Paulo: Ática, 2011.
Obra em 4 v.
6º ano (13. ed.) – 7º ano (13. ed.) – 8º ano (12. ed.) – 9º ano (11. ed.)
Bibliografia.

1. Português - Redação (Ensino fundamental)
I. Título.

11-06312 CDD-372.623

Índice para catálogo sistemático:
1. Redação: Português: Ensino fundamental 372.623

2018
ISBN 978 85 08 14717 5 (AL)
ISBN 978 85 08 14718 2 (PR)
Cód. da obra CL 736245
13ª edição
8ª impressão

ABDR — Cópia não autorizada é crime — Respeite o direito autoral — Editora Afiliada

Impressão e acabamento: A.R. Fernandez

Uma Publicação Abril EDUCAÇÃO

Conforme a nova ortografia da Língua Portuguesa

APRESENTAÇÃO

A coleção *Aulas de Redação* foi organizada para oferecer aos alunos os requisitos necessários para se expressarem com clareza, correção e criatividade por meio da escrita.

Nesta reformulação, ampliamos o trabalho com gêneros textuais. Nas oito unidades de cada volume, são explorados, como modelos para a produção, textos de diferentes gêneros e as estruturas linguísticas que lhes são próprias.

A reflexão sobre a língua visa analisar não só o modo de organização do texto, mas também os mecanismos envolvidos em sua construção para atender à intenção de quem escreve. A ortografia também é trabalhada em inúmeros exercícios.

Além das propostas para debate, as seções **Ampliando horizontes** e **Conexão com...** oferecem aos estudantes uma base de dados ampla para a produção de seus textos.

O quadro de autoavaliação no final das unidades é um instrumento para diagnóstico das dificuldades encontradas.

Todos os volumes estão orientados para desenvolver o espírito crítico e a sociabilidade entre os alunos.

A autora

SUMÁRIO

Unidade 1 A NARRATIVA: ELEMENTOS BÁSICOS

NIK NEVES/ARQUIVO DA EDITORA

Unidade 2 A FALA DAS PERSONAGENS NA NARRATIVA

Unidade 3 AS HISTÓRIAS EM QUADRINHOS – OUTRA FORMA DE NARRAR

Unidade 4 A DESCRIÇÃO DAS PERSONAGENS NA NARRATIVA

Unidade 5 A DESCRIÇÃO DO ESPAÇO NA NARRATIVA

Unidade 6 CARTAS, CARTÕES E *E-MAILS* NA CONSTRUÇÃO DA NARRATIVA

THEO/ARQUIVO DA EDITORA

Unidade 7 O RELATO PESSOAL

EVANDRO LUIZ/ARQUIVO DA EDITORA

Unidade 8 NOTÍCIA E REPORTAGEM: O RELATO DE FATOS REAIS

Unidade 1

A NARRATIVA: ELEMENTOS BÁSICOS

- **FOCO:** os elementos básicos dos textos narrativos.
- **GÊNERO:** lenda.
- **PRÁTICAS DE LINGUAGEM:** coesão por encadeamento; separação de sílabas; dígrafo; encontros vocálicos.

VAMOS LER 1

Todos os povos do mundo têm suas histórias tradicionais: são lendas e mitos, isto é, narrativas simbólicas sobre a origem de fenômenos da natureza, de costumes sociais, etc. Essas narrativas são frequentemente centralizadas em seres encantados, humanos ou não.

A origem dessas histórias – que são anônimas – perde-se no tempo, de tão antigas que são. Transmitidas oralmente de geração em geração, a maioria delas só ganhou registro escrito muito mais tarde.

Por que no céu há *tantas estrelas?*

TALVEZ VOCÊ JÁ TENHA SE FEITO A PERGUNTA ACIMA, QUE DÁ TÍTULO AO TEXTO QUE VOCÊ VAI LER A SEGUIR. VAMOS VER QUE RESPOSTA ELE PROPÕE?

NIK NEVES/ARQUIVO DA EDITORA

Karajá amava a natureza e mais que tudo os animais e os pássaros, com os quais sabia se entreter, usando a linguagem deles.

Certa manhã, olhando um bando de papagaios que voava bem alto, se deu conta de que o firmamento estava vazio. Nenhum astro o embelezava. O clarão do dia, especialmente sob a canícula, tornava o céu cinzento.

— Por que o céu é assim tão vazio? — perguntou o Karajá aos pássaros que estavam na árvore próxima. Mas eles fingiram que não entenderam sua pergunta, embora a voz lhes fosse tão familiar. O índio, com voz forte e quase lancinante, perguntou de novo:

— Por que o céu é assim tão vazio? Respondam-me, por favor!

A raposa antecipou-se e disse, em tom quase de acusação:

canícula: forte calor.

lancinante: aflito.

NIK NEVES/ARQUIVO DA EDITORA

— Foi o urubu-rei, rei das alturas, que roubou as estrelas para enfeitar o penacho em sua cabeça e torná-lo assim ainda mais resplendente.

Ao ouvir isso, o índio Karajá decidiu tirar a limpo a questão com o urubu-rei. Tomou suas armas e procurou o refúgio onde ele se aninhava. Ao vê-lo aproximar-se, disse logo o urubu-rei:

— Você é quem veio desafiar-me? Você não conhece, pequeno homem, a força de minhas garras e de meu bico. Em poucos minutos, posso abrir suas veias e deixá-lo em pedaços.

O Karajá, que sempre mostrara coragem e que, no fundo, amava os animais, deixou cair as armas. E avançou sobre o urubu-rei. Houve uma luta longa e sanguinolenta. Se o urubu-rei tinha força, o Karajá tinha habilidade para evitar os cortes profundos das garras e das bicadas potentes. Depois de longa luta, rolando pelo chão entre penas e gritos, ambos estavam extenuados. Até que o Karajá conseguiu imobilizar o urubu-rei, prendendo-lhe as pernas e segurando-lhe, fechado, o bico.

— Se quiser recuperar a liberdade — disse, triunfante, o Karajá —, entregue a luz que escondeu em seu penacho na cabeça e nas plumas do corpo. O Criador colocou as estrelas no firmamento para embelezar a noite e não para alimentar a sua vaidade.

Mas o rei das alturas, que detinha também o segredo da eterna juventude, não quis saber de renunciar às luzes que tornavam sua plumagem tão fascinante. De que valeria ser eternamente jovem se continuasse sem atrativos e feio?

Cansado de esperar uma decisão do urubu-rei, o Karajá começou a tirar as penas de sua cabeça. Cada pena que lançava no ar se transformava numa estrela no firmamento. Arrancou depois um chumaço e o lançou ao alto e irromperam os astros que os Karajá chamam de "olhos espantados do peru" — Alfa e Beta do Centauro. Com outro chumaço, os "sete papagaios" — as Plêiades. Com outro ainda, os "olhos dos homens" — Alfa e Beta do Cruzeiro do Sul. Por fim, quando arrancou mais um monte de penas e o lançou ao céu, apareceu "o caminho das estrelas" — a Via Láctea.

Mas as penas mais brilhantes permaneciam ainda na cabeça do urubu-rei. Quando o Karajá conseguiu tirá-las e lançá-las ao alto, o céu se encheu de um brilho terno e doce. Era a Lua cheia. Logo depois se acendeu um grande tição de fogo, que iluminou todo o céu e esquentou os dias. Nascia o Sol.

Mas, considerando aquele grande esplendor, o índio Karajá disse de si para consigo:

— Bom seria se o Sol, por respeito ao brilho tênue das estrelas e à timidez da Lua, se escondesse um pouco.

resplendente: brilhante.

extenuado: exausto, muito cansado.

irromper: aparecer de repente.

Centauro: nome de uma constelação, que é um grupo de estrelas que, vistas da Terra, parecem próximas umas das outras. O Cruzeiro do Sul também é uma constelação. Já as Plêiades, também mencionadas no texto, são apenas parte da chamada constelação de Touro.

Via Láctea: a galáxia que abriga a Terra e os outros astros do sistema solar. Galáxias são aglomerados de componentes astronômicos, como estrelas, planetas, satélites, etc.

tição: pedaço de lenha em brasa.

tênue: fraco.

O Sol ouviu esse sussurro do Karajá e lhe atendeu o desejo. Por isso, à noite ele se esconde. Assim, as estrelas podem mostrar a beleza de seu brilho e a Lua, revelar a suavidade de sua luz.

O urubu-rei, com a chegada da noite, aproveitou para fugir. Agora não ostentava mais, como nos tempos remotos, um penacho brilhante e um pescoço luzidio. Sua cabeça parecia uma casca de laranja cortada e seu pescoço, um ramo seco.

Mas ao fugir, gritou, em tom de deboche, ao Karajá:

— Você me tirou as penas, mas conservo ainda o segredo da eterna juventude.

E para fazer raiva ao índio, pronunciou o segredo com voz sussurrante, imaginando que ninguém estivesse por perto para ouvi-lo. Ocorre que o Karajá não ouviu direito, mas os pássaros e as árvores ouviram as frases principais.

Por isso, eles aprenderam a conservar, até os dias de hoje, o segredo da perene juventude: de tempos em tempos, as aves do céu sempre renovam suas penas e as plantas, suas folhas.

E o índio Karajá continua sendo lembrado quando a tribo, à noite, se reúne ao redor do fogo, para ouvir os antigos contarem as estórias do céu e da terra, do Sol e da Lua, das estrelas e do firmamento. E olham, deslumbrados, para a grandiosidade majestática do céu estrelado. E quando o fogo se apaga, eles se calam reverentes. E, um a um, se recolhem calmamente, carregando o céu estrelado dentro do seu coração. Deitam-se nas redes e dormem com grande serenidade.

ostentar: exibir para se vangloriar.

deboche: gozação, caçoada.

perene: imortal, eterno.

reverente: respeitoso.

Adaptado de: BOFF, Leonardo. *O casamento entre o céu e a terra.* Rio de Janeiro: Salamandra, 2001. p. 15-7.

NIK NEVES/ARQUIVO DA EDITORA

O texto narrativo

Por que no céu há tantas estrelas? é um texto narrativo, isto é, um texto no qual são narrados – contados – fatos e acontecimentos imaginários ocorridos a personagens.

É possível narrar por meio apenas de palavras (por exemplo, numa lenda, num conto, numa piada); por meio de palavras e de outras formas de expressão (por exemplo, num filme falado, nas histórias em quadrinhos em que há balões de fala das personagens, etc.); e por meio de outras formas de expressão (por exemplo, a mímica num espetáculo circense, as imagens de um filme mudo, os desenhos de uma charge, etc.).

Os principais elementos de uma narrativa são:

AS PERSONAGENS	O TEMPO	O ESPAÇO	AS AÇÕES	O NARRADOR
quem vive os acontecimentos da história	quando a história acontece	lugar em que a história acontece	o que as personagens fazem	quem conta a história

Quando a história é contada por uma de suas personagens, dizemos que o narrador é em 1ª pessoa, ou narrador-personagem. Quando o narrador não participa da história, é chamado de narrador em 3ª pessoa, ou narrador observador.

Nas narrativas há geralmente uma personagem principal – também chamada protagonista –, que costuma agir com o objetivo de realizar um desejo ou de vencer um obstáculo. Se ela consegue atingir seu objetivo, o desfecho (fim) da história pode ser considerado um desfecho de sucesso. Quando a protagonista não atinge seu objetivo, o desfecho é de fracasso.

Vamos **entender** o texto

1. Preencha o quadro a seguir com os elementos da narrativa.

Personagens: ______________________________

____

Local em que ocorrem os fatos principais: ______________________________

____

Quando ocorrem os fatos principais: ______________________________

____

Tipo de narrador: ______________________________

2. Qual o grande desejo de Karajá?

____

____

NIK NEVES/ARQUIVO DA EDITORA

3. Quais das características do índio Karajá, listadas abaixo, ajudaram-no a derrotar o urubu-rei?

coragem	rapidez	juventude	esperteza	egoísmo	medo

____

4. Para atingir seu objetivo, o Karajá agiu sozinho ou teve ajuda de alguém?

____

____

____

5. Complete o trecho abaixo baseando-se no combate entre o Karajá e o urubu-rei:

O índio Karajá decidiu tirar a limpo a história do vazio do firmamento. Tomou suas armas e procurou ______________________________.

Mas o urubu-rei, desafiador, disse-lhe que em poucos minutos podia ______________________________.

O Karajá, que sempre mostrara coragem e que, no fundo, amava os animais, ______________________________.

O urubu-rei tinha força, mas o Karajá tinha habilidade para evitar ______________________________.

Depois de longa luta, o Karajá conseguiu imobilizar o urubu-rei, prendendo-lhe ______________________________.

6. Depois de imobilizar o urubu-rei, o que o Karajá fez?

7. Numere os fatos abaixo, colocando-os na mesma sequência em que aparecem na narrativa:

- [ ] As penas mais brilhantes ainda permaneciam na cabeça do urubu-rei.
- [ ] O Karajá disse ao urubu-rei que ele devia entregar a luz que escondeu em seu penacho na cabeça e nas plumas do corpo.
- [ ] O índio Karajá decidiu tirar a limpo a questão com o urubu-rei.
- [ ] Karajá se deu conta de que o firmamento estava vazio.
- [ ] O urubu-rei perguntou a Karajá se ele tinha vindo desafiá-lo.
- [ ] Cansado de esperar uma decisão do urubu-rei, o Karajá começou a tirar as penas de sua cabeça.
- [ ] Para fazer raiva ao índio, o urubu-rei pronunciou seu grande segredo com voz sussurrante.

8. O desfecho da história é de sucesso ou de fracasso? Explique sua resposta.

Conexão com Antropologia

O povo Karajá

Karajás se preparam para cerimônia.

Os Karajá habitam há séculos as margens do rio Araguaia, principalmente na ilha do Bananal, no estado de Tocantins. Suas casas são construídas à margem do rio e, a certa distância da aldeia, fica a Casa dos Homens, que as mulheres não podem frequentar. É lá que os homens se reúnem para tomar decisões e que os jovens aprendem os mitos e rituais.

Quando os meninos Karajá chegam à idade de 7 anos, seu lábio inferior é perfurado com osso de guariba. Entre os 10 e os 12 anos, eles passam por mais um ritual de iniciação masculina: são pintados com jenipapo e ficam confinados durante sete dias numa casa chamada *Hetohoky* (Casa Grande).

Já as meninas são iniciadas na vida adulta na primeira menstruação. Depois de passar um tempo isoladas, as moças reaparecem em público. Adornadas por pinturas corporais e enfeites plumários, elas vão dançar numa festa de grande prestígio.

Práticas de linguagem

1. O urubu-rei da lenda é um ser fabuloso, imaginário: com a força de suas garras e do bico é capaz de cortar em pedaços o jovem guerreiro Karajá. As imagens a seguir mostram outros seres que pertencem a fábulas e mitos conhecidos. Associe-os com suas respectivas descrições, numerando os textos.

1 Ciclope

MEMO ANGELES/SHUTTERSTOCK/GLOW IMAGES

2 Medusa

ENSIFERUM/SHUTTERSTOCK/GLOW IMAGES

3 Sereia

PUSHKIN/SHUTTERSTOCK/GLOW IMAGES

4 Esfinge

SILOTO/SHUTTERSTOCK/GLOW IMAGES

5 Hidra de Lerna

KATHYGOLD/SHUTTERSTOCK/GLOW IMAGES

☐ ■ Tem nove cabeças de serpente e, se uma delas for cortada, nascem duas outras no lugar. ■ Sua picada é fatal, pois não existe antídoto contra seu veneno.

☐ ■ Seu corpo é metade peixe, metade mulher. ■ Possui um canto belíssimo, irresistível, que hipnotiza os navegantes e provoca o naufrágio das embarcações.

☐ ■ Tem cabeça de mulher e corpo de leão. ■ Cria enigmas muito difíceis de decifrar. Quem não decifra um enigma que ela propõe é devorado.

☐ ■ Sua cabeleira é formada por serpentes. ■ Quem a fitar nos olhos é transformado em estátua de sal.

☐ ■ Gigante com um olho só, no centro da testa. ■ Tem uma força descomunal: é capaz de esmagar um homem com as mãos.

2. Com base nas suas respostas ao exercício 1, complete as frases abaixo, seguindo o exemplo:

DRAGÃO *O Dragão possui um poder muito temido: é capaz de cuspir fogo.*

A. Ciclope — O Ciclope tem uma força descomunal: ______________________

____

B. Medusa — O olhar da Medusa tem um poder terrível: ______________________

____

C. Sereia — A Sereia possui um canto irresistível: ______________________

____

D. Esfinge — A Esfinge apavora a todos: ______________________

____

E. Hidra de Lerna — A Hidra de Lerna é muito amedrontadora: ______________________

____

Ortografia
Ordem
alfabética

1. Vamos relembrar: quantas letras possui o nosso alfabeto? Quais são vogais?

____

____

____

2. Para conhecer o significado de uma palavra, usamos o dicionário. No dicionário, as palavras estão organizadas em ordem alfabética. Ponha em ordem alfabética os seguintes vocábulos: *juventude*, *Karajá*, *xodó*, *penacho* e *sussurro*.

____

____

Vamos
planejar
a escrita

Faça uma pesquisa (em livros, revistas, na internet, etc.) sobre lendas, de preferência brasileiras. Escolha a que considerar mais interessante: você vai narrá-la para seus colegas de classe. Antes disso, complete o esquema abaixo: ele vai ajudá-lo a organizar seu texto.

A personagem principal – protagonista – de minha lenda se chama ______________ ______________. Ele(a) tem as seguintes características: ______________
____
____.

A história se passa ______________________________ ______________________________ (completar com informações sobre lugar e tempo, situando assim os acontecimentos que vai narrar). O objetivo ou o desejo do(a) protagonista é ______________________________
____
______________________________. Para alcançá-lo, será necessário enfrentar o(s) seguinte(s) obstáculo(s): ______________________
____
____.

Nessa empreitada, o(a) protagonista ______________ (contará/ não contará) com a ajuda de ______________________________.

No final, esse objetivo ______________________ (será/ não será) alcançado.

Lembre-se de dar um nome a seu texto.

Vamos trabalhar em duplas

Reúnam-se em duplas: vocês lerão um para o outro os esquemas que completaram na seção anterior. O objetivo é que um colabore com o outro, verificando o que pode ser melhorado nos esquemas para que a história fique bem contada.

NIK NEVES/ARQUIVO DA EDITORA

Vamos conversar

Agora é hora de narrar aos colegas as lendas que pesquisaram e esquematizaram.

Sob a orientação do professor, façam uma lista das lendas pesquisadas; provavelmente haverá histórias que foram escolhidas por mais de um aluno. Elejam duas ou três delas, para que um ou mais colegas voluntários as narrem com a colaboração do restante da turma.

Quem for narrar deverá ensaiar a "contação" da lenda, mesmo que for ler o texto.

Vamos escrever

Escolha uma das lendas trabalhadas pela turma e escreva-a numa folha avulsa ou no caderno. Imagine que seu leitor é uma criança de 8 ou 9 anos – pode ser alguém que você conhece – e redija seu texto de forma que esse leitor possa compreendê-lo. Lembre-se de consultar a seção **Vamos planejar a escrita** para verificar se não se esqueceu de nenhum dado importante.

Ampliando horizontes

Lendas urbanas

Você já ouviu falar em lendas urbanas? Chamamos assim as histórias sinistras que correm de boca em boca com a intenção de apavorar aqueles que as ouvem, sobretudo as crianças. Recebem a denominação de lendas porque, a exemplo das lendas tradicionais, envolvem personagens sobrenaturais, e são urbanas porque seu cenário são as cidades. Claro que se trata de ficção e de fantasia, mas, se olhadas com distanciamento, ficam até divertidas. Vamos conhecer algumas delas?

GANGUE DO PALHAÇO

A lenda: Ao que consta, uma Kombi dirigida por um palhaço e uma bailarina era vista rondando as saídas de colégios em busca de alunos inocentes. O infante era atraído para dentro do veículo e tinha seus órgãos extirpados para serem vendidos.
Mistério insolúvel: Como uma Kombi dirigida por um palhaço e uma bailarina passa despercebida bem na hora mais movimentada da escola?

ILUSTRAÇÕES: NIK NEVES/ARQUIVO DA EDITORA

HOMEM DO SACO

A lenda: Versão moderna do bicho-papão. Trata-se de um transeunte que leva um suspeito saco nas costas, destinado a esconder as crianças roubadas por ele. O que ele fazia com tanta criança? Vendia, diziam uns. Ou simplesmente continuava a andar carregando um peso extra.
Mistério insolúvel: Por que as crianças simplesmente não esperneavam e gritavam por socorro?

LOIRA DO BANHEIRO

A lenda: Uma garota loira matava aula no banheiro da escola quando escorregou, bateu a cabeça e morreu. Inconformado, seu espírito continua a frequentar banheiros de colégios. Ela pode ser invocada pela repetição do seu nome e aparece para os alunos com bolotas de algodão enfiadas no nariz, a fim de estancar o sangue. Brrrrrr!
Mistério insolúvel: Se era apenas um espírito, como aparecia em banheiros de todos os colégios do Brasil?

Adaptado de: *Superinteressante*, n. 201, junho de 2004.

Troque ideias com seus colegas

- **Você já conhecia essas histórias?**
- **Quem as contou a você?**
- **Acreditou nelas?**
- **Teve medo delas?**
- **Quando e como descobriu que elas eram fictícias, isto é, inventadas?**
- **Conhece outras lendas urbanas semelhantes? Quais?**

NIK NEVES/ARQUIVO DA EDITORA

VAMOS LER 2

Na seção **Vamos ler 1**, você conheceu uma lenda do povo Karajá a respeito da origem das estrelas. Agora vamos fazer uma longa viagem: o texto a seguir é uma lenda da longínqua e gelada Sibéria, região do norte da Ásia.

A rena *celeste*

COMO SERÁ QUE OS SIBERIANOS IMAGINAVAM A CRIAÇÃO DAS ESTRELAS?

Nos primeiros tempos do mundo, as renas tinham seis patas e conseguiam facilmente escapar dos caçadores. Por brincadeira, primeiro deixavam que os homens as alcançassem, mas no último momento batiam os cascos no chão, davam um salto para a frente e desapareciam a toda velocidade. Caçar a rena de seis patas era difícil, porém emocionante...

Um dia, uma rena veio rondar um rebanho pertencente aos homens. Ela era enorme e assustou os animais domésticos, que saíram correndo para todos os lados.

Era preciso dar um jeito naquela rena monstruosa, antes que provocasse outros estragos. Então, o melhor de todos os caçadores saiu em seu encalço.

O animal tomara boa dianteira, mas sobre a neve endurecida os esquis do homem deslizavam com a rapidez do raio. Toda a energia do caçador visava a um único fim: capturar a rena e cortar duas de suas patas, para que ela se transformasse num animal comum e não mais pudesse desafiar os homens impunemente.

[...]

Pouco a pouco, a distância diminuía e ele ganhava terreno. Impelia-se com força e já saboreava a vitória — faltavam só alguns metros! Mas de repente, quando se preparava para jogar o laço, viu a rena empinar-se, tomar impulso e voar ao Céu. Nesse momento seus esquis ficaram mais leves, e ele sentiu que também estava saindo do chão. Assim, os dois chegaram ao firmamento.

No entanto, o caçador jamais conseguiu pegar a rena. Ainda podemos vê-los no céu estrelado. O caçador transformou-se na estrela Polar, e a rena, na constelação das Plêiades. O rastro dos esquis formou a Via Láctea, que indica às aves migratórias o caminho dos países quentes.

RAGACHE, Claude-Catherine. *A criação do mundo – Mitos e lendas*. São Paulo: Ática, 2000.

impelir: avançar.

constelação: grupo de estrelas que, vistas da Terra, parecem próximas umas das outras.

migratório: que muda periodicamente de lugar.

Vamos **entender** o texto

ILUSTRAÇÕES: NIK NEVES/ ARQUIVO DA EDITORA

Responda às seguintes questões:

A. Quais são as personagens dessa história?

B. Onde se passa a história? Faça um levantamento o mais completo possível das informações que possam dar pistas sobre esse lugar.

C. Quando se passa a história? Faça um levantamento o mais completo possível das informações que possam dar pistas sobre o tempo.

D. Qual o desejo da personagem principal, ou que obstáculo ela pretende vencer?

E. Qual é o tipo de narrador do texto?

JACQUES LANGEVIN/CORBIS/LATINSTOCK

Siberiano conduz trenó puxado por renas, em foto recente.

Conexão com Geografia

A Sibéria

A Sibéria é uma imensa região da Rússia e do norte do Casaquistão, situada no norte do continente asiático. Caracteriza-se por seu clima extremamente frio. Por muito tempo foi habitada apenas por populações nômades pastoris.

A rena desempenha papel fundamental na vida dessas populações: o leite e a carne desse animal são a base da alimentação do indígena siberiano, que utiliza a rena também para o transporte.

Vamos **relacionar** os textos

Os dois textos lidos nesta unidade apresentam semelhanças e diferenças. Numere cada uma das características abaixo, de acordo com o texto a que pertencem:

1 ***Por que no céu há tantas estrelas?***

2 ***A rena celeste***

- [ ] ■ É uma lenda brasileira.
- [ ] ■ O inimigo é um urubu com poderes fantásticos.
- [ ] ■ O texto conta qual é a origem dos astros no céu.
- [ ] ■ A história se passa numa região muito fria.
- [ ] ■ É uma lenda siberiana.
- [ ] ■ O inimigo é uma rena com poderes fantásticos.
- [ ] ■ No texto, quem decide enfrentar o inimigo é um homem decidido.
- [ ] ■ A história se passa numa região quente.

Práticas de **linguagem**

1. Complete os períodos com *porque* ou com *mas*.

ATENÇÃO: use *porque* para introduzir **causas** e *mas* para introduzir uma **ideia** contrária a outra.

A. A voz do Karajá era familiar aos pássaros, ____________ eles fingiram que não entenderam sua pergunta.

B. O céu estava vazio ____________ o urubu-rei roubou as estrelas.

C. O urubu-rei tinha força, ____________ o Karajá tinha habilidade e o venceu.

D. O Sol se esconde de noite ____________ atendeu ao desejo do Karajá.

E. O Karajá não ouviu o segredo da eterna juventude, ____________ os pássaros e as árvores ouviram.

2. **Reduza as duas frases para apenas uma, observando o modo como isso foi feito no exemplo apresentado:**

O caçador se aproximava da rena de seis patas. O caçador ficava mais entusiasmado.

À medida que se aproximava da rena de seis patas, o caçador ficava mais entusiasmado.

A. O tempo esquentava. Sua saúde melhorava.

____

B. O mês corre. O bolso esvazia.

____

C. Mariana crescia. Mariana ficava mais bonita.

____

D. Juliana recebe as lindas cartas de amor de Zé Maria. Juliana fica mais apaixonada.

____

ATENÇÃO: use *quando* para se referir a **duas ações** que ocorrem ao mesmo tempo; use *embora* para expressar **oposição** entre dois fatos.

3. **Complete os períodos com *quando* ou com *embora*.**

A. ______________ os caçadores tivessem tentado inúmeras vezes capturar a rena, ela sempre escapava.

B. ______________ o caçador estava quase conseguindo laçar a rena, o animal deu um salto e foi para o céu.

C. ______________ estivesse chovendo, resolvi ir à praia hoje cedo.

D. ______________ Manoel nasceu, seus irmãos mais velhos já eram adolescentes.

E. Pretendo continuar fazendo natação, ______________ às vezes esse esporte pareça um pouco difícil para mim.

F. ______________ as lendas sejam muito antigas, elas continuam interessantes para os leitores de hoje.

NIK NEVES/ARQUIVO DA EDITORA

Ortografia
Divisão
silábica

SEPARAÇÃO DE SÍLABAS E ENCONTRO CONSONANTAL

SÍLABA é o conjunto de sons pronunciado numa só emissão de voz.

ENCONTRO CONSONANTAL é o conjunto de duas consoantes em uma mesma sílaba (estrela – es-**tr**e-la) ou em sílabas diferentes (celeste – ce-le**s**-**t**e).

Encontros consonantais em uma mesma sílaba podem ocorrer com as letras *l* ou *r*: bl, cl, fl, gl, pl, tl, br, cr, dr, fr, gr, pr, tr, vr.

Nos dois exercícios a seguir, fique atento para não separar os encontros consonantais que pertencem a uma mesma sílaba e não deixe de separar os encontros consonantais que pertencem a sílabas diferentes.

NIK NEVES/ARQUIVO DA EDITORA

1. Separe as sílabas das seguintes palavras:

A. atrever ______

B. declarar ______

C. proteção ______

D. refletida ______

E. presença ______

F. flores ______

G. dragão ______

H. contemplar ______

I. gruta ______

J. palavra ______

K. prometer ______

L. sofrimento ______

2. Separe as sílabas destas outras palavras:

A. magnífico ______

B. adepto ______

C. admiração ______

D. submergir ______

E. observar ______

F. adquirir ______

G. repugnante ______

H. monstro ______

DÍGRAFO

Às vezes duas letras representam um único som. Quando isso acontece temos um **dígrafo**. Por exemplo, na palavra *chuva*, *c* e *h* juntos formam um único som (de *x*). Dizemos então que *ch* é um dígrafo.

Os dígrafos podem ser consonantais (representados por consoante) e vocálicos (vogal seguida de *m* ou *n*). Os consonantais são: ch, lh, nh, gu, qu, ss, rr, xc, sç, sc. Os vocálicos são: an(m), en(m), in(m), on(m), un(m).

Ao separar sílabas, separe sempre os dígrafos: ss, rr, xc, sç, sc. Porém nunca separe os dígrafos ch, lh, nh, gu, qu, an(m), en(m), in(m), on(m), un(m).

NIK NEVES/ARQUIVO DA EDITORA

3. Separe as sílabas das seguintes palavras prestando atenção nos dígrafos:

A. desconjuntado

I. crenças

B. acompanhar

J. brilhantes

C. nenhum

K. correr

D. telhas

L. inesquecível

E. chorar

M. bronze

F. fresquinho

N. excesso

G. guerreiro

O. descer

H. cessar

P. equilíbrio

DITONGO

Ditongo é o encontro de vogal e semivogal (vogal do encontro pronunciada mais fracamente) numa mesma sílaba:

PRI-MEI-RO

vogal + semivogal

4. Separe as sílabas das seguintes palavras:

A. muita

____

B. gratuito

____

C. Eunice

____

D. criadouro

____

E. aumentar

____

F. apaixonado

____

G. certeiro

____

H. estáveis

____

I. ameixeira

____

J. duradouro

____

TRITONGO

Tritongo é o encontro de semivogal + vogal + semivogal numa mesma sílaba:

Ao separar sílabas, nunca separe os ditongos e tritongos.

U-RU-GUAI

semivogal + vogal + semivogal

5. Separe as sílabas:

A. iguais

____

B. saguão

____

C. quais

____

D. averiguou

____

E. Paraguai

____

F. enxaguei

____

HIATO

O **hiato** resulta da associação de duas vogais de sílabas diferentes:

Ao separar sílabas, sempre separe os hiatos.

PA-ÍS SA-Ú-DE

6. Separe as sílabas:

A. monstruosa

____

B. rainha

____

C. criatura

___

G. tuiuiú

___

D. alheia

___

H. harmonia

___

E. ideia

___

I. Raul

___

F. cheios

___

J. canoas

___

Vamos escrever com esquema

Esta atividade vai ajudá-lo a criar uma história com elementos semelhantes aos de uma lenda. Você vai fazer antes uma espécie de roteiro.

Escreva as qualidades de seu herói (forte, corajoso, esperto, etc.).

A personagem principal de minha história é um(a) herói(heroína) muito especial. Seu nome é ______. Ele(a) é ______.

Na história que eu vou escrever, ele(a) tem um desejo: derrotar um terrível inimigo, o(a) ______.

Se você quiser, escolha um dos monstros das lendas urbanas que conheceu na seção **Ampliando horizontes**.

Esse inimigo tem um poder muito temido. Ele(a) é capaz de ______.

Meu(Minha) herói(heroína) contará com a ajuda de um(a) auxiliar, o(a) ______.

Ele(a) o(a) ajudará da seguinte maneira: ______.

A ajuda do auxiliar será suficiente ou insuficiente para o herói derrotar o inimigo?

Sua ajuda será ______.

Conte onde e como será a luta final entre o herói e o inimigo.

No desfecho de minha história, ______.

O herói sairá do confronto vitorioso ou derrotado?

Meu(Minha) herói(heroína) sairá do confronto ______.

Vamos conversar

Agora que sua história já está esquematizada, reúna-se com seu grupo. Cada um de vocês deverá contar aos colegas como será sua história e, se julgar necessário, pedir sugestões. Lembre-se de que é importante apresentar suas ideias com clareza.

Vocês poderão escolher a melhor história do grupo e seu autor poderá contá-la para toda a classe.

Vamos escrever

Agora que você já planejou sua história, pode desenvolvê-la colocando os detalhes que darão emoção aos fatos que vai apresentar. Assim como na produção de texto da página 14, imagine que seu leitor é uma criança de 8 ou 9 anos: escreva sua história numa linguagem que ela possa compreender. Se desejar, siga este esquema:

- **1º parágrafo:** apresente sua personagem e revele o desejo dela.
- **2º parágrafo:** apresente o inimigo.
- **3º parágrafo:** apresente o auxiliar de sua personagem e mostre como ele tentará ajudá-la a vencer o inimigo.
- **4º e 5º parágrafos:** mostre como foi a disputa entre seu herói e o inimigo. Procure transmitir todas as dificuldades vividas por seu herói.
- **6º parágrafo:** crie o desfecho de sua narrativa.

Não se esqueça de escolher o tipo de narrador de sua lenda e de dar um título para ela.

Escreva seu texto no caderno ou numa folha avulsa e entregue-o ao professor se ele pedir.

Autoavaliação e reescrita

Releia seu texto e verifique se não se esqueceu de nenhum dos elementos de uma narrativa:

sim	não	
☐	☐	O narrador é sempre o mesmo – em primeira ou em terceira pessoa – do começo até o fim da história?
☐	☐	Você situou sua história no tempo e no espaço?
☐	☐	Você apresentou as personagens?
☐	☐	A linguagem que você usou é adequada a uma criança de 8 ou 9 anos?
☐	☐	Os acontecimentos da história estão bem encadeados?
☐	☐	Você deu um título a sua história?

Trabalhe junto com um colega: peça a ele que faça comentários sobre seu texto à luz dos critérios acima e faça o mesmo com o texto dele.

Em seguida, faça as modificações necessárias na sua história e passe-a a limpo.

Unidade 2

A FALA DAS PERSONAGENS NA NARRATIVA

- **FOCO:** as marcas da fala das personagens na narrativa.
- **GÊNERO:** crônica.
- **PRÁTICAS DE LINGUAGEM:** discurso direto e indireto; substantivos terminados em *-ez* e *-eza*.

VAMOS LER 1

Carlos Eduardo Novaes nasceu no Rio de Janeiro (RJ) em 1940. Aos 18 anos mudou-se para Salvador (BA), onde formou-se em Direito e permaneceu por dez anos. Em 1969, voltou ao Rio de Janeiro e iniciou-se como cronista, primeiro no jornal *Última Hora* e depois no *Jornal do Brasil*. Também é autor de romances, contos e peças de teatro.

No país *do futebol*

VOCÊ JÁ PRESENCIOU UM ACONTECIMENTO E, DEPOIS DISSO, FICOU IMAGINANDO UMA HISTÓRIA? POIS ESSE É O TRABALHO DO CRONISTA, UM TIPO DE ESCRITOR QUE TEM OBSERVADO O QUE ACONTECE NO DIA A DIA. VAMOS LER UMA CRÔNICA?

Juvenal Ouriço aproximou-se de um vendedor parado à porta de uma loja de eletrodomésticos e perguntou:

— Qual desses oito televisores os senhores vão ligar na hora do jogo?

— Qualquer um — disse o vendedor, desinteressado.

— Qualquer um não. Eu cheguei com duas horas de antecedência e mereço uma certa consideração.

— Pra que o senhor quer saber?

— Para já ir tomando posição diante dele.

O vendedor apontou para um aparelho. Juvenal observou os ângulos, pegou a almofada que o acompanha ao Maracanã e sentou-se no meio da calçada.

— Ei, ei, psiu — chamou-o um mendigo recostado na parede da loja — como é que é, meu irmão?

— Que foi? — perguntou Juvenal.

— Quer me botar na miséria? Esse ponto aqui é meu.

— Eu não vou pedir esmola.

— Então senta aqui ao meu lado.

THEO/ARQUIVO DA EDITORA

— Aí não vai dar para eu ver o jogo.

— Na hora do jogo nós vamos lá pra casa.

— Você tem TV a cores?

— Claro. Você acha que eu fico me matando aqui pra quê?

Juvenal agradeceu. Disse que preferia ficar na loja onde tinha marcado encontro com uns amigos que não via desde a final da Copa de 78. O mendigo entendeu. E como gostou de Juvenal, lhe deu o chapéu onde recolhia esmolas. Juvenal, distraído, enfiou-o na cabeça.

— Não, não. Na cabeça não.

— Por que não?

— Já viu mendigo usar chapéu na cabeça? Deixe-o aí no chão. Sempre pinga qualquer coisa.

THEO/ARQUIVO DA EDITORA

Aos poucos o público foi aumentando, operários, vendedores, contínuos, vagabundos e às 15h45 já não havia mais lugar diante das lojas de eletrodomésticos. Os retardatários corriam de uma para outra à procura de uma brecha. Alguns ficavam pulando atrás da multidão tentando enxergar a tela do aparelho.

— Quer que eu lhe ajude? — perguntou um cidadão já meio irritado com um contínuo pulando rente às suas costas.

— Quero.

— Então me diz onde é o seu controle da vertical.

— Controle da vertical, pra quê?

— Pra ver se você para de pular aqui nas minhas costas.

As lojas concentravam multidões. As calçadas da cidade, que já são poucas, desapareciam completamente. Em jogos da Seleção Brasileira, durante a semana, cresce bastante o número de atropelamentos porque o pedestre é obrigado a circular pelas ruas. Além disso, os motoristas ficam muito mais ligados no rádio do que no trânsito.

Na porta da loja onde estava Juvenal havia umas 200 pessoas do lado de fora e somente uma do lado de dentro: o gerente. Até os vendedores da loja já tinham se bandeado afirmando que assistir um jogo atrás da televisão não é a mesma coisa que vê-lo atrás do gol. Quando a bola saía entravam os comentários dos torcedores.

No início do segundo tempo, um cidadão que não se interessava por futebol (um dos 18 que a cidade abriga) foi pedindo licença à galera e com muita dificuldade conseguiu entrar na loja. O gerente foi ao seu encontro: "O senhor deseja algo?".

— Um aparelho de televisão.

— Por que o senhor não leva aquele?

— Qual?

— Aquele que está ligado ali na porta.

— É bom?

— O senhor ainda pergunta? Acha que haveria 200 pessoas diante dele se não tivesse uma boa imagem?

— Bem...

— E não é só isso — completou o gerente, aproveitando a euforia do público com um gol do Brasil — que outro aparelho transmite emoções tão fortes?

— Essa gritaria toda foi diante do aparelho?

— Lógico. Esse é o novo televisor AP-007 dotado de controle de emoção. Só este televisor pode levá-lo do choro convulsivo à completa euforia.

— É mesmo? E se eu desejar vê-lo sentado quietinho na poltrona?

— Também pode, mas é aconselhável desligar o botão da emoção, se não o senhor não vai conseguir ficar quietinho na poltrona.

O cidadão convenceu-se. Disse que ia levá-lo. O gerente, precavido, pediu-lhe para ir à porta da loja apanhá-lo. O cidadão não teve dúvidas. Ignorando aquela massa toda diante do seu aparelho, foi lá tranquilamente e *cleck*. Desligou-o.

O que aconteceu depois eu deixo por conta da imaginação de vocês.

NOVAES, Carlos Eduardo e outros. *Para gostar de ler*. São Paulo: Ática, 1991. p. 67-70.

THEO/ARQUIVO DA EDITORA

Vamos entender o texto

1. O início da crônica apresenta uma cena comum: um homem vai a uma loja de eletrodomésticos para assistir, da calçada, a um jogo de futebol em um dos televisores à venda. Depois disso, no entanto, já não podemos dizer que o que acontece é tão frequente assim. Responda: que situações incomuns ou inesperadas ocorrem desde o início do texto até o momento em que o homem se senta na calçada?

2. Quando a personagem Juvenal Ouriço senta-se na calçada, um mendigo puxa conversa com ele. O que pode ser considerado incomum entre as coisas que o mendigo lhe diz?

3. Situações incomuns ou inesperadas são utilizadas pelos escritores em diversos gêneros textuais, mas com objetivos diferentes. Por exemplo, em histórias de terror, o inesperado é usado para dar sustos e causar medo; em histórias de aventura, um acontecimento inesperado pode dar mais ação à narrativa e ajudar a prender a atenção de quem está lendo. No caso dessa crônica, com que finalidade você acha que as situações inesperadas foram utilizadas?

4. A crônica *No país do futebol* foi publicada na década de 1970 em um jornal do Rio de Janeiro. Como outras crônicas, ela está baseada em acontecimentos reais do dia a dia e, graças a isso, a narrativa nos permite conhecer características da época em que foi escrita. Levando isso em conta, responda às questões a seguir.

A. Transcreva do texto trechos que mostrem que muita gente já gostava de futebol naquela época.

Leia as informações abaixo, a respeito da história da televisão no Brasil e, em seguida, responda aos itens *B* e *C*.

- Em 1970, a Copa do Mundo ocorreu no México e foi transmitida ao vivo pela primeira vez na televisão, mas o púbico assistiu em preto e branco, pois ainda não havia aparelhos para recepção de imagens em cores no Brasil. Nesse ano, apenas 27% das residências brasileiras possuíam televisor.
- Em 1972 ocorre a primeira transmissão televisiva em cores no país.
- Em 1974, 43% dos domicílios possuíam televisor, seja em cores ou em preto e branco. A maioria das emissoras transmite em cores apenas parte de sua programação.
- Em 1977, 50% dos domicílios ainda não possuíam televisor.

Fonte das informações: <www.tudosobretv.com.br/histortv/historbr.htm>. (Acesso em 30 ago. 2010).

B. Quando está falando com o mendigo, Juvenal se espanta de ele possuir um televisor em cores em sua casa. Levando em conta os dados do quadro acima, por que você acha que ele se espantou?

Família norte-americana assistindo à programa de televisão (anos 1950-60)

H. ARMSTRONG ROBERTS/CORBIS/LATINSTOCK

C. Atualmente, é comum as pessoas se reunirem em praças públicas para assistir em telões, em clima de festa, aos jogos da Copa do Mundo. Levando em conta as informações da página anterior, por que você acha que naquela época as pessoas iam assistir ao jogo na rua, diante de uma loja? O motivo seria o mesmo de hoje?

D. Que trecho do texto mostra que a cidade não estava preparada para esse tipo de aglomeração durante os jogos?

5. **No final da crônica, um homem entra na loja para comprar um televisor. Que características do aparelho são apontadas pelo vendedor e o que ele utiliza para comprovar sua qualidade?**

Crônica

A palavra *crônica* significa, originalmente, um registro dos acontecimentos, organizados conforme sua sequência temporal. Na Idade Média, havia cronistas contratados para escrever as histórias da vida dos reis, como ocorreu em Portugal, com Fernão Lopes, o maior cronista dessa época.

Atualmente, a palavra mudou de significado, mas sempre é possível escrever crônicas como se fazia naquela época. Um exemplo disso são as *Crônicas de Nárnia*, escritas pelo irlandês C. S. Lewis (1898-1963). Trata-se de uma narrativa de ficção, mas, como o título sugere, traz uma relação dos eventos ocorridos no imaginário Reino de Nárnia.

ARQUIVO NACIONAL DA TORRE DO TOMBO, LISBOA, PORTUGAL/ARQUIVO DA EDITORA

MARTINS FONTES/ARQUIVO DA EDITORA

Ao lado, página da *Crônica de D. João I*, escrita por Fernão Lopes. Acima, capa do livro de C. S. Lewis.

Práticas de linguagem

Na crônica *O país do futebol*, há passagens que correspondem a falas de personagens.

Juvenal Ouriço aproximou-se de um vendedor parado à porta de uma loja de eletrodomésticos e perguntou:	**Fala do narrador**
— Qual desses oito televisores os senhores vão ligar na hora do jogo?	**Fala da personagem**

THEO/ARQUIVO DA EDITORA

1. **Nos trechos a seguir, sublinhe apenas as partes em que ocorrem falas de personagens e circule os travessões que introduzem essas falas:**

A. — Pra que o senhor quer saber?

— Para já ir tomando posição diante dele.

O vendedor apontou para um aparelho. Juvenal observou os ângulos, pegou a almofada que o acompanha ao Maracanã e sentou-se no meio da calçada.

— Ei, ei, psiu — chamou-o um mendigo recostado na parede da loja — como é que é, meu irmão?

— Que foi? — perguntou Juvenal.

B. — E não é só isso — completou o gerente aproveitando a euforia do público com um gol do Brasil — que outro aparelho transmite emoções tão fortes?

— Essa gritaria toda foi diante do aparelho?

— Lógico. Esse é o novo televisor AP-007 dotado de controle de emoção. Só este televisor pode levá-lo do choro convulsivo à completa euforia.

2. **Volte à atividade anterior, observe com atenção onde são empregados os travessões e depois assinale a melhor alternativa:**

☐ Nos textos escritos, os travessões só são usados para introduzir a fala de uma personagem.

☐ O travessão, além de introduzir a fala de uma personagem, também serve para separar a fala da personagem da fala do narrador.

Resumindo

O travessão:

- aparece a cada início de fala de uma personagem;
- separa a fala da personagem da fala do narrador.

THEO/ARQUIVO DA EDITORA

3. **Crie falas para as personagens mencionadas a seguir, de modo que fiquem adequadas à situação dada. Não se esqueça de usar o travessão tanto para as falas das personagens quanto para as explicações do narrador.**

A. A professora estava falando de elefantes, assunto que não estava muito interessante. Por isso Raul perguntou-lhe quando ela ia falar de dinossauros. A professora disse que falaria na aula seguinte.

B. Lucas queria ir ao cinema e pediu ao pai que o levasse. O pai disse que não podia porque precisaria trabalhar naquele fim de semana.

4. **Para assinalar as falas de personagens, também podem ser usadas aspas (“ ”), como neste trecho do texto lido:**

> [...] O gerente foi ao seu encontro: “O senhor deseja algo?”

As aspas são muito empregadas em noticiários de jornal impresso para reproduzir a fala de pessoas que deram depoimento ao repórter ou jornalista. Citar a fala de pessoas envolvidas no assunto noticiado é um recurso que contribui para dar maior veracidade ao que se está noticiando.

Pesquise em jornais, revistas ou na internet um trecho em que se reproduza entre aspas a fala de alguém que comenta o assunto tratado. Recorte-o e cole-o ou copie-o no espaço abaixo.

Vamos **planejar** a escrita

Iniciamos esta unidade perguntando se você já tinha imaginado alguma história depois de ter presenciado um acontecimento inusitado na cidade. E então, você se lembra de algo que possa se transformar em uma crônica?

Pode ser algo que você viu acontecer no ônibus, numa fila de supermercado, entre motoristas no trânsito, enfim... E se foi engraçado, ainda melhor! Também pode ser um fato que não aconteceu realmente, mas que poderia bem ter acontecido nas ruas de sua cidade.

Acompanhe os procedimentos seguintes:

THEO/ARQUIVO DA EDITORA

- Para começar a pensar em como será seu texto, escreva o que aconteceu, quer dizer, o fato que será a base da sua crônica. Por exemplo: um senhor desastrado que passa com seu carrinho de feira em cima dos pés de todo mundo; um gato que corria atrás de um rato e, na perseguição, ficou entalado na boca de um bueiro; etc. Mas escreva colocando detalhes, como: havia muitas pessoas na cena? O que elas diziam diante do que acontecia? Que outras reações elas tinham? Como o fato terminou?

- Bem, neste ponto, você já deverá saber o que vai contar, onde isso aconteceu e algumas pessoas que estão envolvidas. É hora de pensar o que você vai criar para tornar sua crônica mais atraente para seu leitor. Já que estamos falando sobre as crônicas de humor, este pode ser um recurso interessante. Então, como no caso de *No país do futebol*, pense em situações inesperadas, incomuns ou em confusões que possam ser acrescentadas à situação da crônica. Anote as ideias que você teve.

- Crie diálogos entre as personagens. Lembre-se de que eles podem ser boas oportunidades para gerar humor.

- Muitas vezes, nas crônicas, as personagens não têm nomes e o autor não fornece muitas características delas, como no texto que estudamos. Se quiser, faça o mesmo: dê nome apenas à personagem central, e prefira um nome comum. Que nome seria esse?

- Escreva como será o final. Você pode dizer de que forma tudo se resolveu ou, como em *No país do futebol*, criar uma nova confusão e deixar o leitor imaginando o que vai acontecer a seguir.

Vamos conversar

Reúna-se com um colega e troque seu texto com ele. Conte-lhe como planeja desenvolver sua crônica, as situações e diálogos que você criou e veja se ele acha esses trechos realmente engraçados, como você havia pensado. Dê sugestões a seu colega e ouça as sugestões dele.

Vamos escrever

A partir de seu planejamento e das ideias trocadas com o colega, escreva um rascunho de sua crônica. Agora que você já tem uma ideia bem clara de como será seu texto, pense em um título que seja atraente e que esteja relacionado ao que vai contar. Em seguida, passe sua crônica a limpo.

VAMOS LER 2

Luis Fernando Verissimo (nascido em 1936, no Rio Grande do Sul) é jornalista, escritor, quadrinista e roteirista. Sua marca distintiva é o humor com que aborda os mais diferentes temas e o talento com que cria situações e personagens hilárias, como Ed Mort, As Cobras, A Velhinha de Taubaté.

O texto que você vai ler fala de uma festa de aniversário muito atrapalhada.

ILUSTRAÇÕES: THEO/ ARQUIVO DA EDITORA

Pânico

VOCÊ JÁ IMAGINOU COMO SEU PAI REAGIRIA SE NÃO ENCONTRASSE VOCÊ NO LOCAL COMBINADO?

O pai do aniversariante foi abrir a porta. Era outro pai.

— Vim buscar o Edmundo.

— Ah, o Edmundo.

— Acho que a turma chama ele de Bocó.

— O Bocó. Certo. Não quer entrar?

— Obrigado. Espero aqui.

O pai do aniversariante entrou na sala e anunciou:

— Vieram buscar o Bocó!

Só conseguiu ser ouvido na terceira vez, porque a algazarra era grande.

— Bocó! Seu pai está aí.

Ninguém se apresentou.

— Edmundo? Tem algum Edmundo?

Ninguém. O aniversariante não sabia do Bocó. Nem se lembrava de tê-lo visto na festa. Pensando bem, não conhecia nenhum Bocó.

— Como não conhece? Ele está aqui. O pai dele veio buscar.

THEO/ARQUIVO DA EDITORA

dissidência: no texto, convidados que tinham formado uma turma separada do restante dos convidados.

O pai e a mãe do aniversariante saíram pelo apartamento atrás do Bocó. Bateram na porta do banheiro, ocupado por oito meninas ao mesmo tempo. O Bocó não estava entre elas. Procuraram pelos quartos. No quarto do aniversariante tinha se instalado uma dissidência literária. Um grupo espalhado pelo chão lia as revistinhas do aniversariante. Nenhum deles era o Bocó. Mas um se chamava Edmundo.

— Tem certeza que seu apelido não é Bocó?

— Não. É Palito.

O pai e a mãe do aniversariante se entreolharam. E agora? Não podiam simplesmente dizer ao pai do Bocó que seu filho desaparecera. Decidiram reunir todos os convidados na sala. As meninas foram corridas do banheiro, os quartos foram esvaziados, todos para a sala.

— Quem é que se chama Edmundo? Você não, Palito.

Ninguém, além do Palito, se chamava Edmundo. E Bocó? Tinha algum Bocó no grupo? Nenhum. Alguém sabia que fim levara o Bocó?

Loreta, uma gordinha de cor-de-rosa, levantou a mão.

— Acho que o pai dele já veio buscar.

— Ai, meu Deus — disse a mãe do aniversariante, baixinho.

— Você viu o Bocó sair com alguém?

— Acho que vi. Com um homem. Como era o homem?

— Tinha uma barba preta.

— Ai, meu Deus — repetiu a mãe do aniversariante.

Precisavam dizer alguma coisa para o pai do Bocó. Mas o quê? Oferecer outra criança em lugar do Bocó? O Palito? "Ele é um pouco magro, mas olhe: damos esta gordinha de brinde." A responsabilidade era deles. Precisavam evitar o escândalo. Precisavam, antes de mais nada, ganhar tempo.

Foram até a porta.

— O senhor tem certeza que não quer entrar?

— Obrigado.

— Não nos leve a mal, mas o senhor pode provar que é o pai do Bocó?

— Provar? Como provar?

— Hoje em dia, todo cuidado é pouco.

— Mas é só trazer o Bocó aqui. Ele vai me reconhecer.

— Sei não. Criança é muito sugestionável.

— Mas isto é um absurdo! Eu não tenho nenhum documento que diga "Pai do Bocó".

— Uma foto...

— Tenho!

O pai do Bocó produziu uma foto. Ele, a mulher, o Bocó e outra criança, de colo. O pai do aniversariante pegou a foto, disse "Um momentinho" e levou a foto para a sala. A Loreta examinou a foto. Confirmou que fora aquele Bocó que vira sendo levado pelo homem de barba preta. "Ai, meu Deus!", disse a mãe do aniversariante. O pai do aniversariante levou a foto de volta ao pai do Bocó.

safanão: sacudida, puxão.

tope: extremidade superior.

— Ele não o reconheceu.

— O quê?!

O pai do Bocó tentou entrar no apartamento, mas foi contido pelo pai do aniversariante.

— Epa! Epa! Aqui o senhor não entra. Aliás, nem sei como entrou no prédio.

— Eu disse ao porteiro que vinha buscar uma criança na festa do 410.

— Vou falar com esse porteiro. Que segurança é essa? Deixam entrar qualquer um. Homem de barba preta...

— Homem de barba preta? — perguntou o pai do Bocó.

— 410? — perguntou o pai do aniversariante, dando-se conta.

— Que homem de barba preta?

— Este não é o 410. É o 510.

— Que homem de barba pre... Este é o 510?

— Você bateu no apartamento errado.

— Aqui não é a festa de aniversário do Piolho?

— Não. É a festa de aniversário do Felipe. Foi por isso que seu filho não o reconheceu!

— Está explicado!

Os dois apertaram-se as mãos e o pai do Bocó foi buscar o filho no apartamento de baixo, aliviado. A história só não acabou bem para a Loreta, que levou tanto safanão que chegou em casa sem o tope do vestido.

VERISSIMO, Luis Fernando. *Festa de criança*. São Paulo: Ática, 2002. p. 45-8.

Bocó: saco feito de couro de tatu; não tem tampa, por isso está sempre aberto.

Bocó: pessoa palerma, tola, que vive de boca aberta (como o saco feito de couro de tatu).

ILUSTRAÇÕES: THEO/ARQUIVO DA EDITORA

Vamos **entender** o texto

1. **Levando em conta os acontecimentos narrados na crônica, como você poderia explicar o título *Pânico*?**

____

____

____

2. **Entre as situações relacionadas a seguir, marque todas as que você, por algum motivo, achou engraçadas.**

☐ O apelido do menino ser Bocó.

☐ Os pais procurarem o menino por todo o apartamento.

☐ O banheiro ter oito meninas ao mesmo tempo.

- [ ] O pai de Bocó dizer que não tem um documento escrito: "Pai do Bocó".
- [ ] Os pais do aniversariante pensarem em oferecer ao pai de Bocó uma criança mais magra no lugar de seu filho e, para compensar, entregar uma menina gordinha como brinde.
- [ ] O pai do aniversariante pedir ao outro pai para provar que era o pai de Bocó.
- [ ] A mãe do aniversariante ficar dizendo "Ai, meu Deus!".
- [ ] O pai de Bocó ter errado de apartamento.
- [ ] A menina Loreta ter levado safanões.

Outra: ______________________________

3. **Com relação às personagens da crônica, você deve ter percebido que poucas delas recebem algum nome ou apelido. Responda:**

A. Quais são os únicos nomes ou apelidos que aparecem?

____

____

B. Observe agora as personagens que não têm nomes. Como o narrador se refere a elas?

____

____

____

C. Levando em conta que as crônicas falam, geralmente, de situações cotidianas que poderiam ter acontecido com qualquer pessoa e em qualquer lugar, por que você acha que nem todas as personagens receberam nomes?

____

____

____

4. **É apenas no final da narrativa que ficamos sabendo os nomes dos aniversariantes. Escreva uma fala que o pai de Edmundo poderia ter dito no início do texto e que teria evitado toda a confusão.**

THEO/ARQUIVO DA EDITORA

____

____

____

5. No final, também descobrimos que toda a confusão ocorreu porque o pai de Bocó havia errado de apartamento. O que deve ter acontecido para que a personagem cometesse esse erro?

THEO/ARQUIVO DA EDITORA

6. Quem deu uma informação que gerou pânico nos pais do aniversariante? Qual foi a informação?

Práticas de linguagem

Nos textos escritos, podemos citar o que pessoas ou personagens disseram de duas formas, pelo menos: por meio do **discurso direto** ou por meio do **discurso indireto**.

DISCURSO DIRETO: é a citação de uma fala exatamente como foi dita, com o emprego de travessão ou aspas. Além desses sinais de pontuação, usamos um verbo para assinalar a quebra da fala do narrador: *disse*, *explicou*, *perguntou*, *gritou*... Exemplo:

A mulher sussurrou no ouvido do colega:

— Espero você na saída.

DISCURSO INDIRETO: é a reprodução que faz o narrador com suas próprias palavras do que foi dito por outro. A informação, embora preservada, é incorporada ao texto sem uso de aspas ou travessão. Exemplo:

A mulher sussurrou no ouvido do colega que o esperaria na saída.

1. Você já sabe que o discurso direto pode ser construído de maneiras diferentes. Veja os exemplos:

- Com a fala do narrador no início do diálogo:

  Marcelo insistiu:

  — Deixe-me sair, professora, por favor.

- Com a fala do narrador no fim do diálogo:

  — Deixe-me sair, professora, por favor — **insistiu Marcelo.**

- Com a fala do narrador intercalada no diálogo:

  — Deixe-me sair — **insistiu Marcelo** —, por favor, professora!

Nos itens abaixo, você vai encontrar apenas uma das três formas e deverá escrever as outras duas.

A. — O senhor não tente entrar, senão eu chamo o porteiro — insistiu o dono da festa.

B. A professora perguntou:

— Pedro, por que você não me disse que estava precisando de ajuda?

C. — Não entendi — disse meu colega de classe —, por que você faltou ontem.

D. O dono da festa perguntou:

— É possível sumir uma criança dentro da minha própria casa?

THEO/ARQUIVO DA EDITORA

2. Veja o desdobramento da frase a seguir, ou seja, observe como é possível transformar o discurso indireto em discurso direto. Depois, desdobre as outras frases propostas.

THEO/ARQUIVO DA EDITORA

Antônio disse a João que eles podiam ir ao cinema juntos.

Antônio disse a João:

— Nós podemos ir ao cinema juntos.

A. O técnico alertou que nosso ginasta pode ficar fora das Olimpíadas. Preocupado, acrescentou que é preciso esperar o resultado dos exames médicos.

B. O ministro explicou, com a voz embargada, que estava deixando o cargo porque não aguentava mais a enorme pressão da mídia. Em entrevista exclusiva, negou que tivesse envolvimento com as empresas investigadas.

C. O treinador gritava, sem parar, para que o jogador fosse em frente. No final da partida, admitiu que, embora tivesse havido boas jogadas, a equipe não soube aproveitar as oportunidades de gol.

D. O diretor do projeto Câmera de Energia Escura explicou que o objetivo dele e de seus colegas astrônomos com a construção da câmera é contar o número de galáxias e medir sua distribuição para entender a evolução do universo.

____

____

____

____

E. O representante da empresa de tecnologia digital informou que vão lançar um novo *game* portátil.

____

____

____

____

Ortografia
Sufixos -EZA e -EZ

1. Releia:

— O senhor tem **certeza** que não quer entrar?

Observe:

certo (adjetivo) → cert**eza** (substantivo abstrato)

grande (adjetivo) → grand**eza** (substantivo abstrato)

SUBSTANTIVOS ABSTRATOS são as palavras da língua que designam seres cuja existência depende de outros seres. São substantivos abstratos os nomes de qualidades, sensações, estados, ações, processos. Por exemplo, *maciez*, *alegria*, *imobilidade*, *leitura*, *aprendizagem*.

ADJETIVOS são as palavras que expressam características, qualidade, estado, aparência dos seres. Por exemplo, *macio*, *inteligente*, *alegre*, *novo*.

Escreva os substantivos correspondentes aos seguintes adjetivos:

A. puro(a): ______________________

B. leve: ______________________

C. belo(a): ______________________

D. duro(a): ______________________

E. rico(a):

H. pobre:

F. triste:

I. esperto(a):

G. frio(a):

J. delicado(a):

THEO/ARQUIVO DA EDITORA

2. Observe estes outros adjetivos que também formam substantivos abstratos:

macio(a) → maci**ez**   pálido(a) → palid**ez**

Continue. Escreva os substantivos abstratos correspondentes aos adjetivos dados:

A. mudo(a):

C. estúpido(a):

B. escasso(a):

D. flácido(a):

E. pálido(a):

H. insensato(a):

F. rápido(a):

I. rígido(a):

G. tímido(a):

J. surdo(a):

Conexão com Cultura

Festas de aniversário ao redor do mundo

Você sabe como são as festas de aniversário no Brasil. Leia abaixo como elas são em alguns outros países:

ILUSTRAÇÕES THEO/ARQUIVO DA EDITORA

FINLÂNDIA
A bandeira do país é hasteada na casa do aniversariante e faz-se um café da manhã especial para muitas pessoas.

COREIA
No primeiro aniversário, a criança é colocada em frente de uma série de objetos trazidos pelos convidados. Diz a tradição que o presente escolhido pela criança aponta como será seu futuro. O carretel de linha indica vida longa; o livro, dedicação aos estudos; dinheiro e arroz significam que ela terá sucesso financeiro.

MÉXICO
O aniversariante quebra a *piñata* (vaso de barro cheio de balas) com um pedaço de madeira, enquanto ao seu redor os amigos cantam músicas tradicionais.

Vamos **relacionar** os textos

Complete o texto abaixo com palavras ou expressões retiradas do quadro. Se necessário, consulte o dicionário.

humor	crônicas	diálogos	festa de aniversário

Os dois textos lidos nesta unidade são ______________________ nas quais os ______________________ desempenham importante papel.

Ambos os textos têm ______________________. No primeiro, o ponto de partida é um acontecimento ocorrido nas ruas de uma cidade grande. No segundo, o autor aborda as confusões ocorridas numa ______________________.

Vamos **conversar**

1. Procure entre seus familiares ou amigos alguém que tenha vivido ou testemunhado uma situação engraçada (não precisa ser numa festa, pode ser qualquer outro acontecimento). Peça à pessoa que conte o fato com o maior número possível de detalhes. Ouça tudo com atenção, faça anotações e prepare-se para apresentar o fato a seu grupo.

2. Relate a seus companheiros de grupo, na classe, o fato que você ouviu. Se quiser, acrescente alguns detalhes inventados por você para dar mais emoção à narrativa. Afinal, o ditado diz que "quem conta um conto aumenta um ponto".

Ampliando horizontes

Nas duas crônicas que você leu nesta unidade os equívocos desempenham papel importante e são motivo de humor. Em *No país do futebol*, um vendedor aproveita-se do alheamento de um cliente para tentar vender-lhe um televisor. Em *Pânico*, o pai engana-se de apartamento quando vai buscar seu filho.

Leia a tirinha abaixo: nela também o engano é elemento central

FERNANDO GONSALES/ACERVO DO ARTISTA

GONSALES, Fernando. *Níquel Náusea*.

Troque ideias com seus colegas: você também já passou por uma situação na qual um equívoco teve desdobramentos inusitados e engraçados? Conte como foi.

Vamos escrever

Agora você vai escrever outra crônica. A situação de que vai partir será uma das que vocês relataram nas seções **Vamos conversar** ou **Ampliando horizontes**.

Não se esqueça de imaginar os elementos do contexto e de anotá-los: onde se passou a situação, quem estava presente, como tudo começou e como tudo terminou. O humor deverá permear todo seu texto.

Dê ênfase às falas das personagens, usando discurso direto. Lembre-se de usar aspas ou travessão para introduzi-las.

Quando terminar, dê um título divertido ou surpreendente para sua crônica.

THEO/ARQUIVO DA EDITORA

Autoavaliação e reescrita

Releia seu texto e verifique:

sim	não	
☐	☐	Seu texto é uma crônica: baseia-se na observação de um acontecimento do dia a dia?
☐	☐	As falas das personagens estão corretamente assinaladas, com travessão ou aspas?
☐	☐	Seu texto tem humor?
☐	☐	As palavras estão escritas corretamente?

Troque seu texto com um colega e peça-lhe que o comente. Reescreva sua crônica levando em conta os comentários feitos. Quem quiser poderá ler sua produção para a classe.

Unidade 3

AS HISTÓRIAS EM QUADRINHOS — OUTRA FORMA DE NARRAR

- **FOCO:** o uso de imagens na construção da narrativa.
- **GÊNERO:** história em quadrinhos.
- **PRÁTICAS DE LINGUAGEM:** coordenação de frases; sufixos.

VAMOS LER 1

Sergio Aragonés nasceu na Espanha em 1937. Mudou-se ainda criança para o México, onde fez seus estudos e começou a criar histórias em quadrinhos. Lá ficou até 1962, quando embarcou para os Estados Unidos, país onde se consagrou como um dos maiores talentos mundiais na criação de histórias em quadrinhos sem texto.

Palavras *para quê?*

NOS QUADRINHOS ABAIXO, OS DESENHOS BASTAM PARA CONTAR A HISTÓRIA...

ARAGONÉS, Sergio. *Palavras para quê?* Lisboa: Vitamina BD, 2003. p. 128. v. 2.

Vamos entender o texto

1. Levando em conta a aparência e as atitudes da personagem principal, assinale a(s) resposta(s) que mais condiz(em) com ela:

A. Trata-se de um viajante em busca de aventura num local isolado.

B. Trata-se de um cientista em uma viagem exploratória.

C. Trata-se de um morador da floresta.

D. Trata-se de um viajante atraído pela agitação de um movimentado ponto turístico.

E. Trata-se de um vendedor de bugigangas turísticas.

2. Onde e quando se passa a história?

3. Qual o objetivo da personagem? A partir de que quadrinho o leitor fica sabendo disso?

4. Durante o trajeto, a personagem enfrentou riscos e dificuldades. Numere os problemas de acordo com a ordem em que eles aparecem na história:

☐ Crocodilos ☐ Travessia sobre tronco ☐ Cobra e outros animais

5. Transforme em discurso direto o diálogo travado entre a personagem principal e o homem de terno no quinto e no sexto quadrinhos.

6. Ao chegar ao local procurado, quais foram as reações da personagem? Por quê?

7. Preencha o quadro abaixo com as reações do protagonista e com a maneira como o autor da história expressou essas reações.

QUADRINHO	REAÇÃO	EXPRESSÃO DA REAÇÃO
quadrinhos 1, 2 e 3		
quadrinhos 4 e 5		
quadrinho 6		
quadrinho 7		

8. Você acha que a personagem poderia ter chegado a seu destino por um caminho mais fácil, e não desbravando a floresta? Justifique sua resposta.

9. O desfecho da história é de sucesso ou de fracasso? Explique sua resposta.

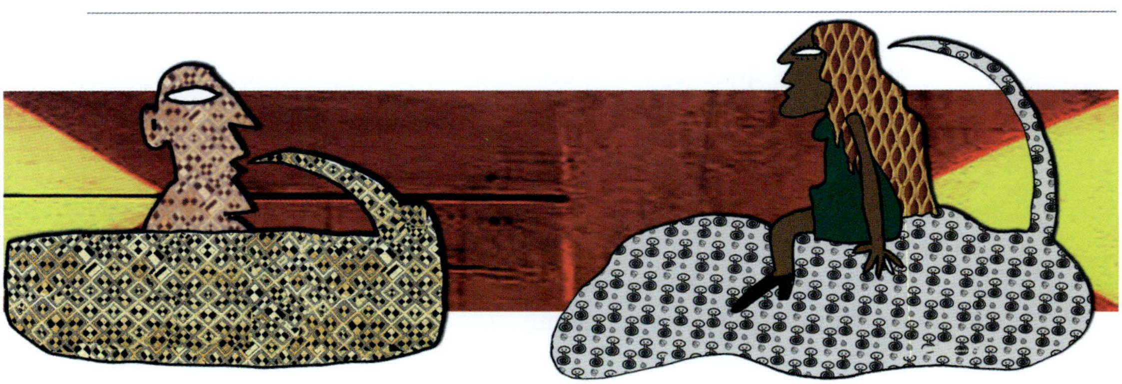

FAIFI/ARQUIVO DA EDITORA

10. Por que o último quadrinho é maior que os outros?

____

____

____

____

____

____

11. Preencha o trecho abaixo para recontar a história que você acabou de ler.

A história começa com o viajante ______________________. A caminhada é difícil, porque há ______________________ e travessias sobre pontes precárias. Finalmente, ele chega ao local e vê ______________________.

Em seguida, pergunta a um homem onde ______________________ e o homem indica a direção para ele. Quando o viajante chega ______________________, fica muito ______________________, pois vê um monte de ______________________, ônibus e ______________________ em torno ______________________, em vez de um local ______________________.

12. Proponha outro título para a HQ.

____

____

____

Vamos escrever

Uma história em quadrinhos começa com o planejamento das cenas quadro a quadro. Foi o que fez o quadrinista Sergio Aragonés: ele fez um roteiro prevendo que seriam necessários seis quadrinhos pequenos, do mesmo tamanho. Em cada um desses quadrinhos apareceria um momento particular da ação. Ele planejou também que o último quadrinho deveria ser maior, para poder mostrar uma cena panorâmica.

Vamos fazer um treino de roteiro? A seguir, estão contadas com palavras três histórias que podem se tornar histórias em quadrinhos. Escolha uma delas, analise-a e planeje em quantos quadrinhos essa história poderia ser contada. Planeje também qual cena deve entrar em cada quadrinho.

ILUSTRAÇÕES: FAIFI/ARQUIVO DA EDITORA

A. Um náufrago está numa ilha deserta pequenininha, na qual só há um coqueiro cheio de cocos. De repente ele vê um navio que está navegando diretamente para a ilha. O náufrago se enche de esperança e sua alegria aumenta à medida que o navio chega mais perto, cada vez mais perto da ilha. Até que finalmente o navio passa rente à ilha e... um tripulante do navio, lá no alto, estende a mão, apanha um coco do coqueiro e o navio continua sua viagem, sem ver o náufrago. O náufrago fica pulando de raiva, sozinho na ilha.

B. Uma dona de casa está cozinhando e sem querer deixa cair uma panela cheia de comida sobre a cabeça de seu cãozinho. A pancada provoca um pequeno ferimento na cabeça do cãozinho. A dona de casa chama o marido para que ele leve o cãozinho ao veterinário. O marido leva o cãozinho ao veterinário. Na sala de espera do veterinário há um *pit bull* muito feroz, que ataca o cãozinho. O marido leva o cãozinho de volta para casa muito mais ferido do que quando ele tinha saído.

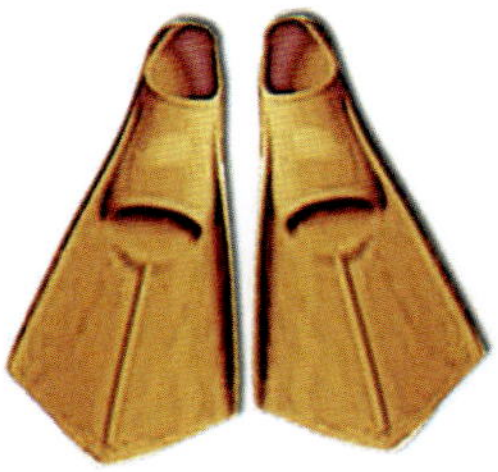

C. À beira da piscina de um hotel um menininho está calçando o pé de pato para mergulhar na piscina. Ao lado dele, um homem de terno e gravata resolve brincar com o menininho e joga a chave do carro no fundo da piscina, para que o menininho vá buscá-la. De repente chegam outras crianças e chamam o menininho para brincar. Ele tira o pé de pato e vai embora junto com as outras crianças. O homem fica irritado e começa a tirar o paletó, para ir pegar a chave no fundo da piscina.

Use as linhas a seguir para imaginar o número de quadrinhos de que você vai precisar para contar a história que escolheu; escreva, em poucas palavras, o que vai acontecer em cada quadrinho.

Conexão com História

O Império Asteca

Provavelmente Sergio Aragonés, o autor da história em quadrinhos que abre esta unidade, inspirou-se nas pirâmides astecas para criar sua narrativa. É que ele morou no México, e os astecas eram um povo que habitava o México antes da chegada dos espanhóis. Constituíam uma civilização culta e poderosa. Sua principal cidade, chamada Tenochtitlan, possuía uma população de 200 mil habitantes. Era uma cidade portentosa, composta de canais, praças e mercados, pirâmides, templos, palácios, lojas e residências. Tinha uma vida comercial muito intensa, que movimentava uma enorme variedade de produtos.

© KATE CONNES/SHUTTERSTOCK/GLOW IMAGES

Vista das pirâmides de Teotihuacan, no México.

Os astecas dominavam a escrita, eram admiráveis na arquitetura, conheciam cálculo e astronomia, além de possuírem uma complexa organização política, econômica e social.

Foram dizimados pelos espanhóis, que chegaram ao México no século XVI. E dizimados não apenas pelas armas de fogo, mas também pelas doenças: os astecas não possuíam resistência orgânica contra os vírus de origem europeia. De sua cultura e civilização material, restaram principalmente monumentos como as pirâmides, que se tornaram atrações turísticas.

Vamos conversar

Forme um grupo com alguns colegas que escolheram a mesma história que você na seção **Vamos escrever** (p. 48). Mostre a eles o planejamento que você fez e veja o que eles fizeram. Conversem sobre os trabalhos e aproveitem as soluções que o grupo achar mais felizes para fazer um planejamento conjunto.

Apresentamos a seguir um exemplo, calculado para conter cinco quadrinhos (quatro do mesmo tamanho e um de tamanho diferente) numa folha de papel sulfite. Se quiserem, usem-no como referência.

FAIFI/ARQUIVO DA EDITORA

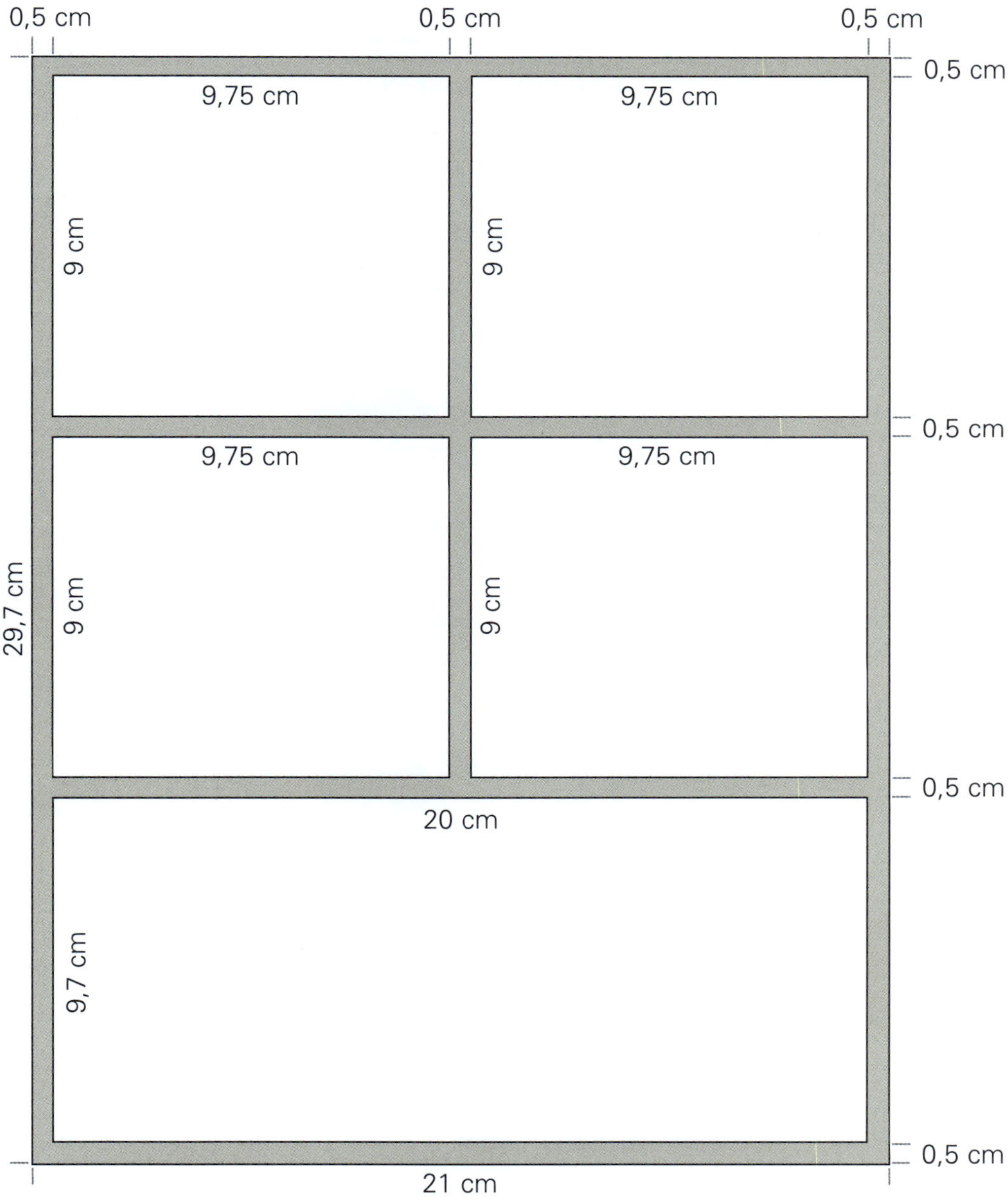

Vamos criar

Agora chegou o momento de finalizar, em grupo, a história em quadrinhos sobre a qual vocês conversaram. Vocês mesmos podem fazer os desenhos, ou então, se preferirem, usar desenhos e fotos recortados de revistas velhas.

Depois, compartilhem a produção de vocês com os outros grupos.

VAMOS LER 2

O quadrinista **Adão Iturrusgarai** (nascido em 1965, no Rio Grande do Sul) publicou seu primeiro desenho com a idade de 17 anos. Já criou várias personagens de sucesso, entre as quais se destacam Aline, uma adolescente que tem dois namorados, e Kiki, uma garota muito esperta sintonizada com nossa época.

ESTA HISTÓRIA EM QUADRINHOS É NARRADA POR MEIO TAMBÉM DA LINGUAGEM VERBAL.

ITURRUSGARAI, Adão. *Kiki*: a primeira vez. São Paulo: Devir, 2002. p. 27.

Vamos entender o texto

1. Kiki, a menina de lacinhos no cabelo, deseja ser *top model*. Na sua opinião, como são as *top models*? Assinale com X as frases com as quais você concorda.

- [ ] As *top models* são lindas, famosas e ganham muito dinheiro.
- [ ] As *top models* trabalham pouco e vivem em festas.
- [ ] As *top models* são felizes.
- [ ] As *top models* são infelizes.
- [ ] As *top models* não têm tempo para estudar.
- [ ] As *top models* são inteligentes.
- [ ] Para se tornar uma *top model,* basta ser alta e magra.
- [ ] Uma baixinha também pode se tornar *top model*.

2. No quarto quadrinho, a amiga de Kiki enumera as desvantagens da vida de *top model*. Escreva-as abaixo.

3. Observe os ambientes em que a história se passa ao longo dos quadrinhos. Que ambientes são esses?

4. Agora preste atenção no último quadrinho, no qual Kiki decide ser astronauta, em vez de *top model*. Por que ela muda de ideia? Como o autor da história em quadrinhos nos mostra isso?

História em quadrinhos

Nos quadrinhos em que há texto, a história é contada por meio das imagens e dos balões de fala (elementos que expressam o diálogo entre as personagens). Há vários tipos de balão, e eles podem indicar fala, pensamento, cochicho e grito das personagens. Conheça os principais tipos de balão de quadrinhos:

balão de fala

ZIRALDO. *O Menino Maluquinho*. n. 2. São Paulo: Abril, 1989. p. 39.

balão de grito

balão de cochicho (balão pontilhado, à esquerda)

ZIRALDO. *O Menino Maluquinho*. n. 1. São Paulo: Abril, 1989. p. 41.

balão de pensamento (balão com bolinhas, à esquerda)

ZIRALDO. *O Menino Maluquinho*. n. 2. São Paulo: Abril, 1989. p. 26.

5. Em certo momento da história, a amiga de Kiki explica como é uma dieta rigorosa por meio de exemplos.

A. Em que quadrinho isso acontece?

B. Em quantos balões de fala esses exemplos são dados?

Vamos relacionar os textos

Você leu duas histórias em quadrinhos bem diferentes em relação à forma (uma sem texto, outra com texto) e ao tema (trilha na selva, na primeira; *top models*, na segunda). Qual das duas formas você acha mais interessante? Por quê? Escreva algumas linhas sobre isso.

Conexão com cinema

Um cineasta contra o hambúrguer

J. SOEFER/ SAMUEL GOLDWYN FILMS/ CORBIS

O cineasta Morgan Spurlock em cena do documentário *Super size me.*

Certo dia o cineasta norte-americano Morgan Spurlock soube pela televisão que duas garotas de Nova York estavam processando uma rede de *fast food* mundialmente famosa. Elas alegavam que a comida comercializada nessa rede era responsável pela obesidade e outros problemas de saúde que elas tinham adquirido: pressão alta, diabetes e dores nas costas, entre outros. Em resposta a elas, o porta-voz da companhia assegurou que a comida da rede era sadia e nutritiva.

Morgan Spurlock resolveu, então, fazer o teste ele mesmo: durante trinta dias seguidos ele se alimentou exclusivamente nas lojas dessa rede. Antes de começar a experiência, ele passou por uma bateria de exames médicos. Os exames mostraram que ele estava no peso certo e com boa saúde. Depois de trinta dias tomando três refeições nessa rede de lanchonetes, a situação de saúde de Spurlock sofreu uma reviravolta para pior: ele engordou, ficou com pressão alta e teve problemas no fígado. Em 2004, ele registrou essa experiência no documentário *Super size me – A dieta do palhaço.*

FAIFI/ARQUIVO DA EDITORA

Práticas de linguagem

Veja a transformação das seguintes frases:

Pensei bem. Resolvi ser astronauta.

Pensando bem, resolvi ser astronauta.

Agora faça o mesmo com as frases dos seguintes itens:

A. Refleti melhor sobre o assunto. Decidi eliminar as frituras da minha alimentação.

B. Pesquisei os preços no bairro todo. Descobri uma loja que tem preços muito mais baixos.

C. Comparei as duas personagens. Concluí que Kiki é a mais engraçada.

D. Estudei a história dos astecas. Aprendi que, antes da chegada dos espanhóis, eles tinham uma civilização avançada.

Ampliando horizontes

A relação entre o ser humano e o meio ambiente está presente, como pano de fundo, nas duas histórias em quadrinhos analisadas nesta unidade. Na de Sergio Aragonés, na transformação da região de um patrimônio histórico em ponto de turismo predatório. Na história de Adão Iturrusgarai, no consumo excessivo de produtos industrializados da irreverente Kiki.

Agora observe a seguinte imagem, na qual o mesmo tema está presente:

Cartaz retirado do *site* www.educacional.com.br/ziraldo, acessado em 18/1/2005.

A. O que o homem com o machado pretende fazer?

B. E o pássaro que está sobre o machado, qual sua intenção?

C. Imagine o que o pássaro diria ao homem, se ele falasse. Escreva sua fala abaixo.

Usando o dicionário

Quando for consultar um dicionário, atente para estas dicas:

- Os substantivos e os adjetivos estão sempre no masculino singular e no grau normal (nem no aumentativo, nem no diminutivo).
- Os verbos estão no infinitivo, ou seja, com o final em ***ar***, ***er***, ***ir*** ou ***or***.

1. Como você encontra no dicionário as palavras a seguir?

A. sanduichinho: ______

B. atravessando: ______

C. comilonas:

E. mexicana:

D. sonhávamos:

F. velozes:

2. Coloque em ordem alfabética as palavras que você escreveu na atividade anterior.

Ortografia
Sufixos

1. Siga os modelos abaixo. Se necessário, consulte um dicionário.

Eles são do México.

Ele é mexicano.
Ela é mexicana.
Eles são mexicanos.
Elas são mexicanas.

Eles são de Portugal.

Ele é português.
Ela é portuguesa.
Eles são portugueses.
Elas são portuguesas.

A. Eles são da França.

FAIFI/ARQUIVO DA EDITORA

B. Eles são de Angola.

C. Eles são da China.

D. Eles são da Paraíba.

E. Eles são da Inglaterra.

FAIFI/ARQUIVO DA EDITORA

2. Veja o modelo e tente fazer o mesmo nas outras frases.

Kiki é uma menina cheia de manhas.

Kiki é uma menina manhosa.

A. O plano de Kiki era cheio de ambição.

B. O aventureiro estava cheio de esperanças quando partiu em sua viagem.

C. As personagens de Adão Iturrusgarai são cheias de graça.

D. O lanche de Kiki estava cheio de gordura.

E. As roupas que comprei naquela loja estavam cheias de defeito.

F. Antigamente o comportamento dos meninos com as meninas era cheio de preconceitos.

G. Quando viu a nota do filho no exame, o pai ficou cheio de orgulho.

3. Nesta atividade, dê o substantivo equivalente a cada adjetivo. Veja o modelo e faça o mesmo nos casos apresentados.

implicante → **implicância**

A. arrogante:

B. elegante:

C. importante:

D. constante:

E. paciente:

J. adolescente:

F. ausente:

K. coerente:

G. inteligente:

L. exuberante:

H. transparente:

M. intolerante:

I. inconsciente:

N. distante:

Vamos pesquisar

No último quadrinho do texto 2, Kiki diz que vai ser astronauta. Pesquise alguns aspectos dessa profissão para conhecê-la melhor.

- O que é necessário para ser um astronauta?
- Um astronauta pode comer qualquer coisa ou tem de seguir algum tipo de dieta?
- Como é o trabalho do astronauta? O que ele tem de fazer?

FAIFI/ARQUIVO DA EDITORA

Vamos conversar

Apresente a seu grupo as informações que você descobriu sobre os astronautas. Depois, discutam a seguinte questão: é fácil ou não ser astronauta?

FAIFI/ARQUIVO DA EDITORA

Vamos escrever/desenhar

Agora é a sua vez de criar uma história em quadrinhos. Se desejar, siga o roteiro abaixo. Ele tem o mesmo tipo de desenvolvimento que vimos no texto 2, mas não precisa ter o mesmo número de quadrinhos.

- Situação: dois meninos conversam; um deles diz que quer ser astronauta.
- O outro explica como é a vida de astronauta e as dificuldades que esse profissional enfrenta.
- O primeiro faz alguma coisa que mostra que ele não serve para a vida de astronauta.
- Dica: só desenhe o balão após haver escrito a fala (ou pensamento) que vai dentro dele. Assim, não há risco de faltar espaço e a letra ficar ilegível.
- Não se esqueça: antes, você deve fazer o planejamento da história em quadrinhos. Ou seja, planejar quantos quadrinhos a história terá e definir a cena que entrará em cada quadrinho, acompanhada do respectivo balão.

Autoavaliação e reescrita

Seu grupo deverá passar a história em quadrinhos que vocês fizeram para outro grupo, que passará a deles para vocês. A ideia é que os colegas cooperem uns com os outros para analisar as produções e propor mudanças que possam melhorá-las:

sim	não	
☐	☐	As imagens ajudam a contar a história?
☐	☐	As etapas da história estão bem distribuídas nos quadrinhos?
☐	☐	As falas das personagens estão colocadas dentro dos balões?
☐	☐	As palavras estão escritas corretamente?

Retomem a história em quadrinhos do seu grupo e façam as modificações necessárias.

Unidade

4 A DESCRIÇÃO DAS PERSONAGENS NA NARRATIVA

- **FOCO:** descrição de pessoas e personagens.
- **GÊNEROS:** romance e novela.
- **PRÁTICAS DE LINGUAGEM:** comparações; ortografia: *g* e *j*.

VAMOS LER 1

O escritor **Fernando Sabino** nasceu em Minas Gerais, em 1923, e morreu em 2004, no Rio de Janeiro. Quando criança, gostava tanto de ler que às vezes batia a cabeça num poste, pois lia até enquanto estava andando na rua, no caminho entre a casa e o colégio.

Publicou seu primeiro livro quando tinha 18 anos de idade. Foi funcionário público e estudou Direito, mas não exerceu a profissão de advogado. Sua carreira mesmo seria a de escritor, e escritor de muito sucesso. Escreveu crônicas, contos e romances. O texto que você vai ler a seguir é um trecho do romance *O menino no espelho*.

Um dia em sala de aula

DONA RISOLETA, PROFESSORA DE RELIGIÃO, TINHA HORROR A BARATAS. E VEJAM SÓ O QUE ACONTECEU QUANDO SEUS ALUNOS DESCOBRIRAM ISSO.

EVANDRO LUIZ/ARQUIVO DA EDITORA

ranzinza: mal-humorado, rabugento.

Magricela como a Olívia Palito, mulher do Popeye, parecia um galho seco dentro do vestido escuro. Era antipática e ranzinza. Usava óculos de lentes grossas: não enxergava direito, vivia confundindo um aluno com outro.

A aula de religião não contava ponto nem influía na nossa média, mas a diretora nos obrigava a frequentar.

Um dia apareceu uma barata na sala de aula. Descobrimos então que dona Risoleta tinha verdadeiro horror de baratas: soltou um grito, apontou a bichinha com o dedo trêmulo e subiu na cadeira, pedindo que matássemos. Era uma barata grande, daquelas cascudas.

A classe inteira se mobilizou para matá-la. Foi aquele alvoroço: empurrões, cotoveladas, pontapés, risos e gritaria, todos querendo atingi-la primeiro. E a coitada, feito barata tonta, escapando por entre nossas violentas patadas no chão. Até que, de repente, tive a sorte de dar com ela passan-

EVERETT COLLECTION/KEYSTONE

Olívia Palito e Popeye

As personagens Popeye e Olívia Palito foram criadas pelo quadrinista norte-americano Elzie Segar, em 1929. Popeye é um marinheiro fortão que adora espinafre; já Olívia Palito é bem magrinha.

dedetização: aplicação de inseticidas num só dia, que elimina os insetos de um ambiente pelo período de alguns meses.

do a correr entre meus pés — esmigalhei-a numa pisada só.

Fui aclamado como herói, vejam só: herói por ter matado uma barata. Até dona Risoleta me agradeceu, trêmula, descendo da cadeira e me dando um beijo na testa. Esse beijo a turma não me perdoou, durante muito tempo fui vítima da maior gozação: diziam que dona Risoleta estava querendo me namorar.

Deste episódio nasceu uma brincadeira que passamos a fazer em toda aula de religião, duas vezes por semana. Alguém trazia uma barata viva dentro de uma caixa de fósforos vazia, para soltar na sala de aula entre as carteiras, até que um aluno denunciasse a sua presença. Quando não era a dona Risoleta que soltava um gritinho:

— Uma barata!

[...] Um dia ela foi reclamar providências da diretora, dizendo que o prédio era velho, estava precisando de uma limpeza em regra, vivia cheio de baratas. Naquele tempo não havia dedetização, de modo que a diretora não tomou providência nenhuma, nunca tinha visto barata na escola. Aquilo eram fricotes de dona Risoleta.

E a coisa ficou por isso mesmo, de vez em quando aparecendo uma baratinha, para alegrar a aula de religião. Houve uma que subiu pela perna da professora e foi se esconder debaixo de sua saia. A mulher deu um pulo de três metros de altura, se sacudindo toda, aos berros, como se estivesse possuída do demônio, por pouco não se atirou pela janela.

Até que o Dico um dia esqueceu na carteira uma caixa de fósforos com a barata dentro. Sem saber para que diabo aquele aluno havia de ter trazido fósforos de casa, se todos nós éramos crianças, não fumávamos, dona Risoleta, curiosa, abriu a caixa. A barata saltou em sua cara num voo aflito, largando pedaços de asa no ar, e se refugiou nos seus cabelos. A coitada só faltou desmaiar de susto. Saiu correndo feito doida com barata e tudo e foi nos denunciar à diretora.

O Dico acabou suspenso por uma semana, como responsável por todas as baratas que já tinham aparecido. Com isso, ficou sob ameaça de perder o ano, por falta de frequência.

EVANDRO LUIZ/ARQUIVO DA EDITORA

SABINO, Fernando. *O menino no espelho*. 58. ed. Rio de Janeiro: Record, s.d. p. 112-5. (Título nosso).

Vamos **entender** o texto

1. Complete o quadro abaixo com os elementos que formam a estrutura da narrativa lida:

Tipo de narrador	
Personagem central	
Personagens secundárias	
Locais onde ocorrem os fatos narrados	
Quando ocorrem os fatos narrados	

2. Numere os fatos abaixo colocando-os na mesma sequência em que ocorrem na narrativa:

A. ☐ A consequência da descoberta do plano dos garotos.

B. ☐ A transformação do narrador da história em herói.

C. ☐ Confusões constantes durante a aula de religião causadas pelas baratas que os alunos levavam.

D. ☐ Alvoroço na sala de aula causado pelo surgimento de uma barata.

E. ☐ A descoberta do plano dos alunos.

3. Relacione cada fato abaixo à sua consequência:

FATO	CONSEQUÊNCIA
1 aparecimento de uma barata na classe	☐ suspensão de Dico
2 descoberta do pavor da professora em relação às baratas	☐ algazarra na sala de aula
3 primeira reclamação de dona Risoleta à diretora	☐ não houve consequência
4 o esquecimento da caixa de fósforos na sala de aula	☐ descoberta do plano dos alunos
5 a reclamação final de dona Risoleta	☐ elaboração de um plano

4. **Complete o trecho abaixo:**

Quando os alunos descobriram que dona Risoleta tinha medo de baratas, decidiram ______________________________.

Para atingir esse objetivo, eles ______________________________ ______________________________ ______________________________. Porém, um fato fez com que o desejo deles não fosse mais realizado: ______________________________ ______________________________ ______________________________.

Como consequência disso, ______________________________.

EVANDRO LUIZ/ARQUIVO DA EDITORA

5. **Releia a descrição de dona Risoleta feita pelo narrador.**

Magricela como a Olívia Palito, mulher do Popeye, parecia um galho seco dentro do vestido escuro. Era antipática e ranzinza. Usava óculos de lentes grossas: não enxergava direito, vivia confundindo um aluno com outro.

A. Sublinhe os trechos em que são mostradas características físicas da personagem.

B. Copie o trecho que mostra características da personalidade da personagem.

____

____

6. **Os meninos inventaram um plano porque descobriram uma importante característica de dona Risoleta. Que característica é essa?**

____

____

7. **Assinale a alternativa correta.**

A forma como a barata foi descrita pelo narrador ("Era uma barata grande, daquelas cascudas.") serviu para:

A. ☐ Mostrar com um certo exagero a aparência física da barata.

B. ☐ Mostrar com detalhes a aparência física da barata.

C. ☐ Mostrar que aquela era uma barata como outra qualquer.

D. ☐ Mostrar que aquela era uma barata rara, difícil de ser encontrada.

Conexão com Ciências

Se perguntarmos às pessoas qual é o inseto que elas mais odeiam, a maioria não hesitará em responder: a barata.

Existem várias razões para não gostarmos de baratas: seu corpo achatado, asas duras, pernas que se movimentam rápido e longas antenas que balançam. Quando elas andam, deixam rastros de fezes, que utilizam para encontrar o caminho de volta.

Além disso, as baratas se reproduzem rapidamente e é difícil matá-las. Como elas são noturnas, muitas pessoas só percebem sua presença quando já são tantas que já não acham lugar para se esconder. As baratas são particularmente boas para se esquivar e fugir de sapatos, jornais e outras armas, e várias espécies se tornaram resistentes aos inseticidas.

E você sabia que a barata é uma campeã da resistência? Por exemplo, os dinossauros foram extintos há cerca de 65 milhões de anos, mas as baratas prosperam há mais de 300 milhões de anos!

Mas, apesar da má reputação, as baratas são uma parte importante de muitos ecossistemas. Por exemplo: são uma fonte de comida para pequenos répteis e mamíferos.

Adaptado de: WILSON, Tracy V. Disponível em: <http://ciencia.hsw.uol.com.br/barata.htm>. (Acesso em 4 ago. 2008).

Descrição

Descrever é representar alguém ou algo por meio da fala ou da escrita.

Quando uma descrição é bem-feita, o leitor (ou ouvinte) consegue imaginar como é aquele ou aquilo que foi descrito, mesmo sem tê-lo diante dos olhos.

Uma pessoa ou personagem pode ser descrita não apenas física, mas também psicologicamente, através de suas ações, opiniões, gostos, sentimentos, etc.

Práticas de **linguagem**

1. Para descrever uma pessoa, um bom recurso é compará-la com outra pessoa ou com uma personagem famosa. Foi o que o autor fez para descrever dona Risoleta:

Dona Risoleta é **magricela.**

ILUSTRAÇÕES: EVANDRO LUIZ/ ARQUIVO DA EDITORA

EVERETT COLLECTION/KEYSTONE

Olívia Palito é **magricela.**

Dona Risoleta é magricela como a Olívia Palito.

Observe as figuras a seguir, procure uma característica comum entre a personagem que vai ser descrita e a personagem famosa, e faça frases semelhantes à de Fernando Sabino.

A.

Lurdinha

MAURICIO DE SOUSA/ MAURICIO DE SOUSA PRODUÇÕES

Mônica

B.

ILUSTRAÇÕES: EVANDRO LUIZ/ARQUIVO DA EDITORA

Dênis

BIA PARREIRAS/EDITORA ABRIL

Pinóquio

C.

Carlão

MARVEL COMICS/ ARQUIVO DA EDITORA

Hulk

D.

Mateus

JIM DAVIS/ 20TH CENTURY FOX

Garfield

2. Outro recurso para descrever uma personagem é compará-la a objetos, animais, plantas, etc.

Transforme os enunciados a seguir em frases semelhantes à do exemplo abaixo.

Dona Risoleta era tão magra que parecia um galho seco dentro do vestido.

A. Zezé Pirulito é um moleque muito tagarela. (celular)

B. Tio Patinhas é muito rico. (banco)

C. Iara é muito bem-informada. (enciclopédia)

D. Os olhos de Mimi são muito verdes. (esmeraldas)

E. Minha avó era muito serena e acolhedora. (árvore)

F. Maurício é muito robusto e forte. (touro)

Vamos escrever com esquema

Escolha uma das personagens abaixo. Depois, complete o esquema a seguir descrevendo a personagem que você escolheu:

A. um(a) vendedor(a) de pipoca;

B. um(a) jogador(a) de futebol do time do colégio;

C. um(a) motorista de ônibus;

D. um(a) esqueitista.

Escreva o nome de sua personagem.

Este(a) é ______.

Apresente as características psicológicas. Compare com alguma personagem famosa.

Eu e meus amigos gostamos muito dele(a) porque ______.

Conte um fato que sirva para comprovar essas características psicológicas.

Só para ter uma ideia, na semana passada ele(a) ______.

Coloque o apelido de sua personagem.

______, é assim que eu e meus amigos o(a) chamamos.

Também é muito conhecido(a) por vestir-se de uma forma especial: ______.

Coloque duas ou três características físicas que se destaquem em sua personagem. Compare com algum ser/ objeto que todo mundo conhece.

E só para terminar e mostrar como ele(a) é realmente marcante, ______________________

____

____

____

____

______________________.

Vamos conversar

Apresente a sua personagem para seu grupo. Além das características descritas no esquema, apresente outras que você considere importantes para que seus amigos possam "enxergar" a personagem.

EVANDRO LUIZ/ARQUIVO DA EDITORA

Vamos escrever

Da mesma forma que ocorreu no texto lido no início da unidade, você também vai criar uma narrativa em que apareça a descrição de uma personagem. A diferença é que sua personagem é muito querida: trata-se da que foi escolhida na seção **Vamos escrever com esquema** (página 67). Se quiser, siga os passos abaixo.

- Em sua narrativa, o narrador – que pode ser em 1ª ou em 3ª pessoa – resolve preparar uma grande surpresa para essa personagem.
- Apresente sua personagem ao leitor descrevendo-a de forma a revelar por que ela é tão querida.
- Narre a preparação da surpresa e apresente um obstáculo que quase pôs tudo a perder.
- Mostre como sua personagem reagiu e qual o desfecho da narrativa.
- Não se esqueça de criar um título para o seu texto.

VAMOS LER 2

O escritor e teatrólogo Patrick Süskind nasceu na Alemanha em 1949. Foi roteirista de televisão na década de 1980. Seu maior sucesso foi o livro *O perfume*, que foi traduzido para várias línguas e somente na Alemanha vendeu 15 milhões de exemplares. Nele conta-se a história de um perfumista do século XVIII que tenta descobrir a fragrância perfeita.

O texto que você vai ler faz parte do livro *A história do senhor Sommer*, em que o narrador-personagem recorda sua infância, relatando as aventuras e os problemas típicos dessa fase da vida.

EVANDRO LUIZ/ARQUIVO DA EDITORA

Carolina

NESTE TEXTO, O NARRADOR-PERSONAGEM FALA DE SUA TIMIDEZ E DE UMA CERTA MENINA, CAROLINA, QUE NÃO SAÍA DE SUA CABEÇA.

Na minha classe havia uma menina de nome Carolina Kückelmann. Tinha olhos escuros, sobrancelhas escuras e cabelos castanho-escuros, com uma tiara quase caindo sobre a testa. Na nuca e na covinha entre o lóbulo da orelha e o pescoço ela tinha uma penugem sobre a pele, que brilhava ao sol e estremecia de leve ao vento. Quando ria, com uma esplêndida voz rouca, ela estendia o pescoço e jogava a cabeça para trás, o rosto resplandecente de prazer, os olhos quase fechados. Eu seria capaz de ficar admirando aquele rosto para sempre — como aliás o fazia, sempre que podia, na aula ou durante o recreio. E sempre sorrateiramente, de modo tal que ninguém notasse, nem mesmo a própria Carolina, pois eu era muito tímido.

[...]

Certo dia — um sábado —, aconteceu um milagre. No meio do recreio, Carolina correu na minha direção, plantou-se à minha frente e disse:

— Ei, você ainda vai sozinho para a Vila de Baixo?

— Vou — respondi.

— Ah, então na segunda eu vou com você...

[...]

Comecei então os preparativos. No sábado e no domingo, rodei pelo bosque à procura de uma rota adequada. Pois de início estava estabelecido que eu não seguiria com Carolina pelo trajeto normal. Queria que ela conhecesse meus caminhos mais secretos, queria mostrar-lhe as curiosidades mais recônditas do bosque. O caminho para a Vila de Cima deveria empalidecer em sua memória diante das maravilhas que ela presenciaria ao longo do meu, do nosso caminho para a Vila de Baixo.

Depois de longa ponderação, decidi-me por uma rota que, pouco além da orla do bosque, desviava-se à direita do caminho normal e, passando por um barranco, levava a uma touceira de abetos jovens, e dali,

recôndito: escondido; íntimo.

touceira: grupo grande e concentrado de plantas.

abeto: tipo de pinheiro comum na Europa e América do Norte.

EVANDRO LUIZ/ARQUIVO DA EDITORA

sempre em terreno pantanoso, seguia até uma área de árvores encorpadas, antes de despencar abruptamente para o lago. Essa rota era marcada por nada menos do que seis curiosidades que eu queria mostrar a Carolina, acompanhadas de meus comentários especializados. Tratava-se mais precisamente do seguinte:

a) a casinha do transformador da rede elétrica, quase à beira da estrada, da qual provinha um zumbido contínuo e sobre cuja porta se via uma placa amarela com um relâmpago vermelho e o aviso: "Cuidado Alta Tensão Perigo de Vida";

b) um grupo de sete arbustos de framboesas, com frutos maduros;

c) um cocho para corças — por então sem feno algum, mas com uma grande pedra de sal para elas lamberem;

d) uma árvore que, dizia-se, um nazista tinha usado para se enforcar depois da guerra;

e) um formigueiro de quase um metro de altura e um metro e meio de diâmetro; e finalmente, como ponto alto e final do passeio...

f) uma velha e maravilhosa faia, na qual eu tencionava subir com Carolina, para desfrutarmos, sentados num sólido galho a dez metros de altura, da incomparável visão do lago, de modo que eu pudesse inclinar-me sobre ela e soprar-lhe a nuca de leve.

Roubei biscoitos do armário da cozinha e um copo de iogurte da geladeira, além de duas maçãs e uma garrafa de groselha da despensa. No domingo à tarde, fui guardar tudo isso — devidamente empacotado numa caixa de sapatos — na forquilha de uma árvore, para que tivéssemos provisões. De noite, na cama, repassei as histórias que contaria a Carolina e que a levariam às risadas — uma história para o caminho, outra para os momentos em cima da árvore. Acendi outra vez a luz, procurei minha chave de fenda na gaveta do criado-mudo e guardei na minha mochila escolar, para presentear Carolina com o meu mais valioso pertence. De volta para a cama, recapitulei as duas histórias, recapitulei em detalhes os eventos do dia seguinte, recapitulei várias vezes as etapas do caminho de a) até f), bem como o local e o momento para a entrega da chave de fenda, recapitulei o conteúdo da caixa de sapatos, que já estava à nossa espera na forquilha lá no bosque (ah! nunca um encontro foi tão cuidadosamente preparado!) e por fim abandonei-me ao sono, acompanhado das suas doces palavras: "na segunda eu vou com você... na segunda eu vou com você...".

Na segunda-feira, o tempo estava lindo, perfeito. O sol brilhava suave, o céu estava aberto e azul como água, os melros revoavam pelo bosque e os pica-paus faziam alarde golpeando a madeira.

[...]

Apressei-me. Não podia me atrasar de jeito nenhum. Durante a aula, estive irrepreensível como nunca antes, para que o professor não encontrasse o menor pretexto para me deixar de castigo. Estive manso feito um cordeiro, mas também atento, obediente e aplicado — um aluno-modelo. Não olhei uma vez sequer para Carolina, forcei-me a não fazê-lo — ainda não! — proibi-me quase supersticiosamente de

transformador: aparelho que diminui a tensão da energia elétrica para que ela possa ser utilizada nas residências.

faia: árvore ornamental do sul e centro da Europa.

criado-mudo: móvel pequeno situado junto à cabeceira da cama.

melro: ave de canto melodioso, conhecida também como pássaro-preto.

fazê-lo, como se pudesse perdê-la por um olhar precipitado...

Quando terminaram as aulas, aconteceu que as meninas tiveram que ficar uma hora a mais, não sei mais por quê, talvez por alguma aula de trabalhos manuais ou por outra razão qualquer. De qualquer modo, só dispensaram os garotos. Não considerei trágico o incidente — ao contrário. Pareceu-me uma prova adicional que eu deveria superar — e superaria! —, dando ao tão ansiado encontro com Carolina a bênção da singularidade: uma hora inteira esperando um pelo outro!

Fiquei esperando na bifurcação dos caminhos à Vila de Cima e à Vila de Baixo, a menos de vinte metros do portão. Nesse lugar projetava-se do chão uma pedra, uma rocha solta, de superfície lisa como a de um grande rochedo. A pedra tinha uma concavidade bem no meio, em forma de casco. Diziam que essa concavidade era uma pegada do diabo: ele teria pisoteado o chão por raiva aos camponeses do local, que há tempos imemoriais haviam construído ali uma igreja. Sentei-me na rocha e fiquei matando o tempo, remexendo os dedos numa poça d'água que se acumulara na cova do diabo. Sentia o sol aquecendo minhas costas, o céu estava azul-marinho transparente, eu esperava e esperava e remexia na poça e não pensava em nada e me sentia indescritivelmente feliz da vida.

Então, enfim, saíram as meninas. Primeiro uma verdadeira enxurrada e, só então, por último, ela. Fiquei de pé. Ela correu em minha direção, os cabelos castanhos saltitavam, a tiara dançando de lá para cá; ela usava um vestido amarelo-limão, eu estendi a mão para ela, ela parou na minha frente — como no recreio, alguns dias antes —, eu queria segurar sua mão, puxá-la para mim, melhor mesmo seria abraçá-la e dar-lhe um beijo no meio da testa, ali mesmo; ela disse:

— Ei, você estava me esperando?

— Estava — respondi.

— Xi, hoje eu não posso ir com você. A amiga da minha mãe está doente, a minha mãe não vai lá na casa dela, e a minha mãe disse que...

Seguiu-se um emaranhado de explicações que eu não consegui ouvir direito, quanto mais lembrar, porque a minha cabeça ficou meio entorpecida e as pernas meio bambas, e tudo de que me lembro é que, concluído o falatório, ela deu meia-volta e foi-se embora, toda amarelo-limão, pelo caminho à Vila de Cima, correndo para alcançar as outras meninas.

concavidade: parte cavada, escavada, côncava.

SÜSKIND, Patrick. *A história do senhor Sommer*. São Paulo: Ática, 1997. p. 29-35. (Título nosso).

ILUSTRAÇÕES: EVANDRO LUIZ/ ARQUIVO DA EDITORA

Biscoito

A palavra *biscoito* originou-se da palavra latina *biscoctu*, que significa "cozido duas vezes". Antigamente os biscoitos eram cozidos duas vezes para perder a água e durar muito tempo, já que naquela época não havia geladeira.

Os biscoitos faziam parte dos mantimentos obrigatórios na época das Grandes Navegações (século XVI), pois as viagens marítimas demoravam meses. Assim, era preciso levar alimentos que não se estragassem logo.

Vamos **entender** o texto

1. Releia a descrição que o narrador faz de Carolina no primeiro parágrafo do texto e responda: o que o atraía na garota eram as características físicas ou psicológicas?

2. Entre os adjetivos abaixo, circule aqueles que não podem ser usados para caracterizar o comportamento do narrador em relação a Carolina.

violento	sonhador	apaixonado	egoísta	frio	retraído	tímido

3. Relacione cada um dos trechos abaixo a uma característica do narrador:

A. "[...] procurei minha chave de fenda na gaveta do criado-mudo e guardei na minha mochila escolar, para presentear Carolina com o meu mais valioso pertence."

B. "Durante a aula, estive irrepreensível como nunca [...]"

C. "[...] esperava e esperava e remexia na poça e não pensava em nada e me sentia indescritivelmente feliz da vida."

D. "[...] recapitulei as duas histórias, recapitulei em detalhes os eventos do dia seguinte, recapitulei várias vezes as etapas do caminho [...]"

- [ ] organizado
- [ ] carinhoso
- [ ] estudioso
- [ ] paciente

EVANDRO LUIZ/ ARQUIVO DA EDITORA

4. Para conquistar Carolina, o narrador decide visitar com ela uma série de curiosidades e dar-lhe de presente uma chave de fenda.

A. O que essas curiosidades têm de especial?

B. Por que ele escolheu como presente uma chave de fenda?

C. Você acha que Carolina iria gostar desse passeio e desse presente? Explique.

5. **Complete o trecho abaixo a fim de elaborar um resumo da narrativa:**

Depois de combinar com Carolina que iriam juntos para a Vila de Baixo, o narrador decide aproveitar a situação para ____________________. Para atingir seu objetivo ele faz planos: escolhe o caminho, ____________________ ____________________ e ____________________. Além disso, durante a aula de segunda-feira, ele teve um comportamento ____________________, pois temia ____________________. Como as meninas tiveram que ficar uma hora a mais na escola, o garoto ____________________ ____________________. Quando ele a encontrou, veio a ____________________: ela não ____________________. Por isso, pode-se afirmar que o desfecho dessa história é ____________________, já que o narrador-personagem não conseguiu realizar seu desejo.

6. **Na sua opinião, o que o narrador quis dizer ao usar as palavras ou expressões destacadas nos trechos a seguir?**

A. "[...] eu **esperava** e **esperava** e remexia na poça e não pensava em nada [...]"

____

____

B. "Então, enfim, saíram as meninas. Primeiro uma verdadeira **enxurrada** e, só então, por último, ela."

____

____

C. "O caminho para a Vila de Cima deveria **empalidecer** em sua memória diante das maravilhas que ela presenciaria ao longo do meu, do nosso caminho para a Vila de Baixo."

____

____

____

EVANDRO LUIZ/ ARQUIVO DA EDITORA

Vamos **relacionar** os textos

Compare os dois textos lidos com base nos elementos propostos:

A. Tipo de narrador do primeiro texto.

Tipo de narrador do segundo texto.

B. Objetivo dos garotos em relação a dona Risoleta.

Objetivo do narrador em relação a Carolina.

C. Resultado final do plano dos garotos.

Resultado final do plano do garoto conquistador.

D. Dona Risoleta é descrita com ênfase em suas características positivas ou negativas?

Carolina é descrita com ênfase em suas características positivas ou negativas?

Conexão com História

O nazismo

Uma das curiosidades que o narrador do texto 2 queria mostrar a Carolina era "uma árvore que, dizia-se, um nazista tinha usado para se enforcar depois da guerra".

Nazistas eram os membros do Partido Nazista, que governou a Alemanha entre 1933 e 1945, período que compreende a Segunda Guerra Mundial (1939-1945). O líder do Partido Nazista era Adolf Hitler, que pretendia dominar o mundo e exterminar os povos que ele considerava "inferiores" (judeus, eslavos, latinos e outros).

Após a derrota da Alemanha, muitos nazistas fugiram para outros países, a fim de escapar do julgamento por crimes de guerra.

UNITED ARTISTS/DIVULGAÇÃO

Adolf Hitler foi satirizado por Charles Chaplin no filme *O grande ditador* (1940).

Vamos pesquisar

Observe as imagens abaixo: elas retratam algumas das mais célebres personagens da literatura mundial. Será que você as conhece?

A. 

MARJORIE TORREY/ARQUIVO DA EDITORA

Alice

B. 

PHILIP LANGE/SHUTTERSTOCK/GLOW IMAGES

Dom Quixote e Sancho Pança

C. 

PARAMOUNT PICTURES/ALBUM/LATINSTOCK

Julieta e Romeu

D. 

MUSEU BRITÂNICO, LONDRES, INGLATERRA/ARQUIVO DA EDITORA

Ulisses, amarrado à embarcação

1. Escolha uma dessas personagens e descreva-a baseando-se no que essas imagens lhe sugerem. Os adjetivos do quadro abaixo podem ajudá-lo nesta tarefa.

idealista	engraçado	corajoso	romântico	curioso	leal
esperto	doce	cruel	aventureiro	forte	comilão
preguiçoso	desobediente	sábio	bondoso	fiel	teimoso
imaginativo	impaciente	trapalhão	perspicaz	inteligente	colérico
louco	ingênuo	astuto	perseverante	apaixonado	valente

2. Agora faça uma pesquisa sobre a personagem escolhida e descreva-a novamente, ajustando o que for necessário.

Ampliando horizontes

É preciso ter cuidado quando vamos descrever alguém. Muitas vezes, até sem perceber, podemos cair nas armadilhas do preconceito. Leia os textos abaixo, que falam sobre um preconceito que ainda existe em nossa sociedade.

Como é o ser negro que aprendi na escola? Lembro do retrato de um homem amarrado, a calça abaixada, apanhando num tronco. Essa era uma imagem que aparecia repetidamente nos livros escolares. Por que mostravam sempre a mesma figura negra totalmente dominada?

Nunca aparecia de outra forma. Era um retrato congelado. Existem muitas outras histórias construídas pelos negros, mas, como elas não aparecem nunca, na prática são invisíveis: é como se nem existissem.

[...]

PIRES LIMA, Heloisa. Os invisíveis. In: *Histórias da Preta*. São Paulo: Companhia das Letrinhas, 1998. p. 53.

COMPANHIA DAS LETRINHAS/ARQUIVO DA EDITORA

RAFAEL FRANÇA/EDITORA ABRIL

O ator Lázaro Ramos, em foto de 2007.

Raça Brasil — ***Você já foi alvo de racismo?***

Lázaro Ramos — Várias vezes em Salvador, por policiais que sempre têm uma abordagem diferente para o cidadão negro. Para mim isso é racismo, pois você está ali para proteger a sociedade e trata o cidadão branco diferente do negro. Já fui muito maltratado.

Raça Brasil — ***Maltratado como?***

Lázaro Ramos — A polícia para um ônibus e, na hora da revista, só exige que desçam os negões. Mas o Bando de Teatro do Olodum me deu uma consciência e me ensinou a lidar com isso. Uma noite, ao tirar dinheiro em um caixa 24 horas, em Salvador, fui abordado por policiais que perguntavam o que eu estava fazendo ali. Com o argumento na ponta da língua, revidei: "Por que você está me perguntando isso? Vim tirar o meu dinheiro no meu banco. Por que você me parou?". Sem graça, o policial respondeu: "Sei lá, você é um tipo suspeito, de boné". Resultado: fiquei um tempão conversando com o cara e ele acabou me pedindo desculpas. Infelizmente a gente precisa ser treinado para lidar com o racismo.

Primeiro tem que estar com a autoestima lá em cima, porque do contrário você se sente menosprezado; e depois tem de ter argumento, né?

Revista *Raça Brasil*, n. 85, abr. 2005.

1. **Você sabe o que quer dizer *preconceito*? Procure no dicionário e veja se essa palavra significa exatamente o que você acha que significa.**

2. **De que tipo de preconceito os dois textos acima tratam?**

3. **Você já foi alvo de preconceito? De que tipo?**

4. **Você se acha preconceituoso? Por quê?**

Práticas de linguagem

1. **Releia o trecho do texto 2 em que o narrador descreve Carolina Kückelmann:**

> Tinha olhos escuros, sobrancelhas escuras e cabelos castanho-escuros, com uma tiara quase caindo sobre a testa.

Note que o narrador só descreveu as características físicas do rosto de Carolina que mais lhe agradavam: os olhos, as sobrancelhas, os cabelos e a tiara bem próxima da testa.

Faça como o narrador do texto 2: traga a foto de alguém que você admira e cole-a no espaço abaixo. Em seguida, descreva essa pessoa, dando destaque a algumas das características que mais chamam sua atenção.

2. No texto 2, além do rosto de Carolina, o narrador destaca também o modo como a menina ria:

Quando ria, com uma esplêndida voz rouca, ela estendia o pescoço e jogava a cabeça para trás, o rosto resplandecente de prazer, os olhos quase fechados.

Quando você quiser fazer uma descrição desse tipo, precisa observar ou imaginar comportamentos e gestos marcantes da pessoa ou da personagem descrita.

Nos itens a seguir, descreva os gestos e as expressões das pessoas mostradas nas fotos.

YURI ARCURS/SHUTTERSTOCK/GLOW IMAGES

A. ____

WRANGLER/SHUTTERSTOCK/GLOW IMAGES

B. ____

Ortografia
Uso de G e J

Leia esta frase:

Não sabia quantas vezes o caminhão iria parar durante a **viagem** até São Paulo.

Observe a palavra destacada e responda: *viagem* é um substantivo ou um verbo?

____

____

Pode-se escrever *viajem* (com *j*)? Trata-se de verbo ou substantivo?

____

Agora preste atenção a estas regras para o emprego de *g* e *j*.

GRAFAM-SE COM G:

- palavras terminadas em *agem*, *igem*, *ugem* e suas derivadas:
  garagem, origem, ferrugem, (a) penugem, original
  → **mas há exceção: pajem**
- palavras terminadas em *ágio*, *égio*, *ígio*, *ógio*, *úgio*:
  contágio, colégio, prodígio, relógio, refúgio
- em geral, depois de *r*:
  submergir, surgir

ESCREVEM-SE COM J:

- palavras derivadas de outras grafadas com j:
  laranja → laranjeira   **gorja (garganta) → gorjeio**
- todas as formas da conjugação dos verbos terminados em jar ou jear:
  viajar → viajei, viajem   **arranjar → arranje**
  despejar → despeje   **lisonjear → lisonjeio**
- palavras de origem indígena ou africana:
  canjica, jia, jiboia, pajé, jirau, jiló

EVANDRO LUIZ/ARQUIVO DA EDITORA

EVANDRO LUIZ/ARQUIVO DA EDITORA

1. Escreva as palavras com *g* e *j* nas respectivas colunas da tabela abaixo.

sar*ento	ho*e	está*io	diver*ência	hi*iene	ur*ência
tra*e	tra*etória	en*eitar	gor*eta	*iboia	man*edoura
pa*é	tatua*em	via*em (substantivo)	va*em	má*ica	
pro*étil	diver*ir	no*ento	sar*eta	pedá*io	prodi*ioso
ti*ela	vir*em	ressur*ir	via*em (verbo)	acara*é	gor*eio

G	J

2. Agora escolha seis palavras da tabela que você acabou de montar e escreva uma frase com cada uma delas.

Usando o dicionário

As palavras listadas a seguir descrevem características psicológicas. Verifique no dicionário o significado delas e escreva uma frase para cada uma.

A. ranzinza

B. afável

C. esbanjador

D. avarento

Vamos escrever

Vamos continuar a história lida.

O garoto ficou desapontado porque Carolina não o acompanhou pelo caminho para a Vila de Baixo. Mas, voltando para casa, ele encontra seu melhor amigo, que viu o que aconteceu e se preocupou com o desapontamento do garoto.

- Descreva esse amigo usando os recursos trabalhados nesta unidade.
- Imagine que ele resolveu propor algo para consolar o admirador de Carolina: o quê?
- Escreva o diálogo entre os dois amigos.
- Dê um desfecho a sua narrativa: o amigo conseguiu animar o narrador de *Carolina*?
- Crie um título para seu texto.

EVANDRO LUIZ/ARQUIVO DA EDITORA

Autoavaliação e reescrita

Releia seu texto e verifique:

sim	não	
☐	☐	As personagens novas de seu texto estão descritas física e psicologicamente?
☐	☐	Se houver diálogos no seu texto, as falas das personagens estão corretamente assinaladas?
☐	☐	Seu texto é uma continuação da história *Carolina*?
☐	☐	Você escreveu corretamente seu texto, prestando especial atenção à grafia das palavras com *j* e *g*?

Sente-se com um colega para que, juntos, um comente o texto do outro. Levem em conta os itens acima. Em seguida, reescreva seu texto melhorando os aspectos apontados.

Unidade 5

A DESCRIÇÃO DO ESPAÇO NA NARRATIVA

- **FOCO:** descrição de lugares em textos narrativos.
- **GÊNERO:** novela.
- **PRÁTICAS DE LINGUAGEM:** adjetivos e locuções adjetivas; variedades linguísticas; metáforas.

VAMOS LER 1

Pauline Alphen nasceu em 1961 no Rio de Janeiro. Filha de mãe alagoana e pai francês, tem dupla nacionalidade e divide seu tempo entre o Brasil e a França. É jornalista, tradutora, escritora e roteirista de cinema. O texto que você vai ler a seguir faz parte do livro *A odalisca e o elefante*, que conta a história do amor impossível entre Leila, uma jovem odalisca, e Hati, um elefante. Ambos são prisioneiros no palácio de um poderoso sultão, que os escraviza.

A torre

NO TRECHO A SEGUIR, LEILA AVENTURA-SE PELO PALÁCIO-HARÉM, DO QUAL NUNCA SAÍRA: ELA QUER SABER O QUE HÁ NO ALTO DA MISTERIOSA TORRE E TALVEZ DESCOBRIR O QUE EXISTE DO LADO DE FORA DE SUA PRISÃO...

Um dia entre os dias, numa manhã de sol e vento, investigando o labiríntico harém, a odalisquinha descobriu uma porta que nunca tinha visto. A porta era velha e reclamou quando Leila fez força para entrar. Lá dentro, o escuro era frio e o silêncio medonho. Ao ouvir passos se aproximando, Leila fechou a porta e saiu dali como quem não quer nada.

No dia seguinte, numa tarde de vento e sol, quando até as escravas cochilavam enquanto espantavam as moscas da mulherada adormecida, ela voltou com um xale para o frio e, para o escuro, uma lamparina a óleo digna de confiança — isto é, cheia de óleo e não de gênio peludo. Para o medo, ela escolheu uma de suas canções preferidas e foi cantarolando enquanto su-

NIK NEVES/ARQUIVO DA EDITORA

côncavo: cavado.

pergaminho: texto escrito em pele de carneiro.

hera: planta trepadeira.

minarete: pequena torre.

cúpula: parte superior.

ogiva: figura formada pelo cruzamento de dois arcos iguais dispostos em ângulo.

bia os degraus, pois a porta dava diretamente numa escada, uma escada em caracol que não parava de subir. Leila já tinha cantado a música 33 vezes quando viu uma luz no fim da escada. Outra porta, pequena e oval. Leila encostou a mão. A porta era de uma madeira quentinha e não deu um pio quando a menina a empurrou.

O pequeno aposento era uma concha, um ninho, uma caverna. Parecia pequeno, mas era infinito, parecia novo e muito antigo. As paredes, o teto e o chão eram de madeira trabalhada, muitas madeiras de várias cores, encaixadas umas nas outras, formando desenhos que mais tarde Leila soube serem os desenhos do mundo como ele é.

As paredes côncavas estavam cobertas de livros e pergaminhos, desenhos, pincéis e tintas, mapas-múndi, objetos estranhos e instrumentos que ela logo reconheceu, porque eram os mesmos que seu pai usava quando namorava as estrelas. Tudo isso banhava numa luz, ora doce, ora forte, ora dourada, ora transparente, segundo o humor do dia e a forma das janelas e vitrais encravados entre as estantes. O quarto flutuava num permanente sussurro aquático que lhe dava ares de navio.

Atrás de Leila a porta fechou-se devagar. A menina suspirou profundamente: aquele lugar provocava muitos sentimentos embolados dentro dela. Evocava um mar quentinho e escuro de um tempo antes da memória. Lembrou-lhe seu pai, com sua cabeça no lugar, fingindo não perceber que ela se escondia entre as mangas de suas largas vestes de astrônomo para tirar uma casquinha de seu namoro com as estrelas. E lembrou-lhe também lembranças futuras, que por serem futuras não podem ser descritas no tempo de agora.

A pequena odalisca dirigiu-se para a janela maior, coroada de hera, onde os pássaros minúsculos, cujas asas batiam mais rápido que o coração de Leila, tinham feito seus ninhos. A janela abriu-se sozinha e Leila viu. Viu que o harém era um emaranhado de jardins, fontes, árvores, frutos, pássaros, mulheres, aconchegado no abraço dos muros do palácio. Que o palácio era protegido pelas muralhas da cidade onde cantavam mil minaretes e cujas cúpulas cintilavam sob o sol. Que a cidade estava num país azul de montanhas e lagos. E que, em toda parte, circundava o deserto, o móvel, absoluto, enigmático e ventoso deserto. E lá, no mais longe dos longes, Leila viu o verde mar com pontinhos dourados que são as cócegas que faz o sol brincando nele. Pela ogiva da janela da torre, Leila viu o mundo e, surpresa, adormeceu ao som fluido da luz do poente.

ALPHEN, Pauline. *A odalisca e o elefante*. São Paulo: Companhia das Letrinhas, 1998. p. 20-2.

Astrônomo: pessoa que estuda o universo e os corpos celestes (estrelas, cometas, satélites, etc.).

Lunático: não é o sujeito que estuda a Lua. Essa palavra, na verdade, significa “louco”.

ILUSTRAÇÕES: NIK NEVES/ARQUIVO DA EDITORA

Vamos entender o texto

1. **Quando decidiu investigar o castelo onde era prisioneira, Leila deparou com uma porta que nunca tinha visto.**

A. O que havia do lado de lá dessa porta?

B. Leila entrou por essa porta, depois de a abrir? Por quê?

NIK NEVES/ARQUIVO DA EDITORA

2. **No dia seguinte, Leila retorna à exploração do castelo munida de algumas "armas". Qual a finalidade de cada uma delas? Responda completando o esquema abaixo.**

ARMA	FINALIDADE
xale	
lamparina cheia de óleo	
canção	

3. **Releia esta frase:**

[...] Leila já tinha cantado a música 33 vezes quando viu uma luz no fim da escada. [...]

Assinale com X a alternativa que você julga correta em relação a essa frase. O narrador quis mostrar que

A. ☐ Leila gostava muito da canção que tinha escolhido para cantar enquanto subia a escada.

B. ☐ Leila estava com muito medo.

C. ☐ Leila ficou enjoada de tanto cantar a mesma canção.

4. **O pequeno aposento em que Leila chegou é descrito como se fosse um lugar que causava em quem o via impressões diferentes e contraditórias. Assinale o trecho que pode ser usado para comprovar tal afirmação:**

A. ☐ "As paredes côncavas estavam cobertas de livros e pergaminhos [...]."

B. ☐ "[...] Parecia pequeno, mas era infinito, parecia novo e muito antigo. [...]"

C. ☐ "As paredes, o teto e o chão eram de madeira trabalhada [...]."

5. No texto, há inúmeros trechos que descrevem lugares. Relacione cada um dos trechos a seguir ao sentido privilegiado pelo narrador para descrever como são esses lugares.

1 visão	2 audição	3 tato

A. "[...] A porta era de uma **madeira quentinha** (____) e **não deu um pio** (____) quando a menina a empurrou."

B. "[...] As paredes, o teto e o chão eram de madeira trabalhada, muitas **madeiras de várias cores** (____) [...]."

6. Assinale as alternativas que completam corretamente o trecho a seguir:

Dentro do pequeno aposento, Leila

A. ☐ recordou-se de seu pai, pois ali havia os mesmos aparelhos que ele usava para estudar o céu.

B. ☐ sentiu-se navegando no mar, uma vez que o local parecia flutuar.

C. ☐ ficou encantada com a sensação de paz do local.

7. Ao olhar pela janela da torre, qual a descoberta de Leila? O que ela viu que tanto a impressionou?

____

____

Conexão com Mitologia

CORBIS/LATINSTOCK

O labirinto de Creta

No texto *A torre*, o narrador se refere ao harém como "labiríntico", isto é, construído como um labirinto.

A mitologia grega deixou-nos a história de um monstro chamado Minotauro, que tinha cabeça de touro e corpo de homem. Ele ficava preso num labirinto complicadíssimo, situado na ilha de Creta. Todo ano a cidade de Atenas, derrotada por Creta numa guerra, tinha de enviar sete moças e sete rapazes para serem devorados pelo monstro. Esse sacrifício só cessaria se o Minotauro morresse.

Certo ano, um herói chamado Teseu ofereceu-se para ir nesse grupo. Ele pretendia matar o Minotauro e livrar Atenas desse tributo. Mas havia um grande problema: como sair do labirinto, depois de matar o Minotauro?

Por sorte, Ariadne, a filha do rei de Creta, apaixonou-se por Teseu e lhe deu um rolo de fio, para que ele marcasse o trajeto dentro do labirinto e pudesse voltar pelo mesmo caminho. Teseu matou o Minotauro e conseguiu sair do labirinto graças ao "fio de Ariadne".

Práticas de linguagem

1. Leia:

Um dia entre os dias, numa manhã **de sol** [...], a odalisquinha descobriu uma porta [...].

Você pode substituir a expressão *de sol* por um adjetivo: *ensolarada*. Veja:

*Um dia entre os dias, numa manhã **ensolarada** [...], a odalisquinha descobriu uma porta [...].*

Substitua as expressões destacadas por um adjetivo equivalente.

A. As mãos de Leila eram **frias como o gelo**.

B. Visto à luz **da manhã**, o palácio era ainda mais belo.

C. Leila parecia **cheia de medo** ao entrar pela primeira vez no local desconhecido.

D. Leila descobriu uma outra porta, com formato **de ovo**.

E. A moça tinha um ar **de anjo**.

F. Ela era uma pessoa **digna de confiança**.

NIK NEVES/ARQUIVO DA EDITORA

As expressões destacadas são chamadas de **locuções adjetivas**, porque equivalem a adjetivos.

2. Observe agora:

Era um vestido **colorido**.

Você pode substituir o adjetivo *colorido* por uma locução adjetiva: *de várias cores*.

*Era um vestido **de várias cores**.*

Reescreva as frases a seguir substituindo os adjetivos destacados pelas locuções adjetivas correspondentes.

A. Leila viu o verde mar com pontinhos **dourados**.

NIK NEVES/ARQUIVO DA EDITORA

B. Um permanente sussurro **aquático** emanava da fonte.

C. O pai de Leila era um homem **bigodudo**.

D. O sultão olhava as pessoas de cima para baixo com seu olhar **aquilino**.

E. Apesar de nos conhecermos pouco, sua atitude sempre foi **fraternal**.

3. **Com o substantivo equivalente ao adjetivo da frase dada, crie uma frase coerente, como neste modelo:**

Leila era **curiosa**.

*A **curiosidade** de Leila levou-a à torre.*

A. O instrutor parecia cansado.

B. A mestra de Leila estava alegre.

C. Os livros encontrados na torre eram raros.

D. O garoto era tranquilo.

E. O dono da casa estava presente.

____

F. As enfermeiras do posto de saúde são muito competentes.

____

G. Meu primo é preguiçoso.

____

4. **Complete as frases empregando comparações como no modelo:**

As asas dos passarinhos batiam mais rápido do que o coração de Leila.

A. As estrelas do céu brilhavam mais ______________________

B. O comportamento de Leila era tão ingênuo ______________________

C. O medo da jovem era tão profundo ______________________

D. O silêncio da tarde era tão tranquilizador ______________________

Vamos escrever com **esquema**

Escolha um dos três lugares a seguir para completar a descrição proposta.

casa abandonada	museu	estádio de futebol lotado

Era a primeira vez que eu ia a ____.

Quando estava me aproximando, meu coração já estava disparado, porque ____.

Minha emoção era tão grande que fechei os olhos e deixei que meu irmão mais velho me guiasse até lá. Assim que entrei, antes mesmo de voltar a enxergar, comecei a conhecer o lugar pelos barulhos: eram sons ______________________, parecia que ____.

Aos poucos abri os olhos e o que vi ficou marcado para sempre em minha lembrança: ____.

Só depois de algum tempo é que comecei a perceber que um cheiro forte dominava o local, ____

____

____

____

____.

Foi por causa disso que decidi ____

____

____

____

____

____.

Ampliando horizontes

Se pararmos para pensar, a paisagem que nos rodeia pode ser vista como um retrato do tempo que passa. É o que a poetisa Roseana Murray nos revela no poema a seguir.

Memória

Há pouco tempo atrás,
aqui havia uma padaria.
Pronto — não há mais.
Há pouco tempo atrás,
aqui havia uma casa,
cheia de cantos, recantos,
corredores impregnados
de infância e encanto.
Pronto — não há mais.
Uma farmácia,
uma quitanda.
Pronto — não há mais.
A cidade destrói, constrói,
reconstrói.
Uma árvore, um bosque.
Pronto — nunca mais.

MURRAY, Roseana. *Paisagens*. Belo Horizonte: Lê, 1996. p. 41.

No lugar em que fica a escola onde vocês estudam também é possível perceber sinais da passagem do tempo? Quais? Sob a orientação do professor, façam um levantamento desses sinais e descrevam-nos o mais detalhadamente possível.

Vamos escrever

Invente uma personagem que, como Leila, aventura-se em um ambiente novo. Você deverá contar como ela chegou até lá, que dificuldades teve de enfrentar e como conseguiu superá-las. Depois, descreva o local (lembre-se de que você não deve empregar apenas elementos visuais na descrição). No fim, narre qual a grande descoberta feita por sua personagem.

NIK NEVES/ARQUIVO DA EDITORA

VAMOS LER 2

Paulo Rodrigues nasceu em 1948, em São Paulo (SP). Seu livro de estreia, *À margem da linha*, foi lançado quando o autor tinha 53 anos. Desde então, sua obra vem conquistando a admiração de leitores e críticos.

À margem *da linha*

O TEXTO QUE VOCÊ VAI LER AGORA É UM TRECHO DE UMA NOVELA QUE CONTA A VIAGEM DE DOIS IRMÃOS ADOLESCENTES EM BUSCA DO PAI DESAPARECIDO.

Uma tempestade, mesmo à luz do dia, é sempre assustadora, mas só à noite ela assume seus aspectos mais tenebrosos. Entretanto, quando ela desabou, graças aos conhecimentos que o Mano tinha do clima da região, nós já estávamos abrigados debaixo de uma enorme pedra que, despontando de dentro da terra, lembrava uma marquise. Para maior conforto, o chão onde nos assentamos era uma pedra tão ampla e mais plana que a de cima.

— Parece que a gente tá num altar — o Mano falou meio sem jeito, mas eu entendi que não havia nenhuma falta de respeito no que disse, pois queria apenas comparar aquele abrigo natural com certos nichos que abrigam santos nas igrejas, ou aquelas espécies de grutas visitadas por romeiros devotos.

Mais tarde, analisando melhor a frase do Mano, percebi que havia sim certo misticismo embutido nela, pois revelava ainda que aquele singular conjunto de arquitetura era obra da providência, e estava justamente ali, na passagem dos caminhantes, para abrigá-los nas noites de tormenta. O calor do fogo, que tivemos tempo de acender antes do aguaceiro, me fez entender o gesto dele se persignando. Imitei-o como sempre, inclinando humildemente o meu corpo. Só podia ser uma mão divina aquela que socorria os desamparados nas horas de desespero. Sim, o Mano estava coberto de razão, pois dali, sentados sobre aqueles três metros de pedra seca, podíamos ouvir o barulho da enxurrada rasgando as encostas e assistir, ao clarão dos relâmpagos, o fantástico espetáculo da fúria remodelando a natureza ao nosso redor.

— Se chover direto, daqui uns dias vai ser o diabo...

O Mano sabia que eram comuns os deslizamentos quando a chuva caía braba naqueles trechos escarpados. E só quando o sol se abrisse a gente poderia ver as encostas rasgadas de sulcos, expondo raízes de árvores tombadas e as novas lombadas de pedras assomando como abrigos ou terríveis ameaças. Só então os homens lutariam com a lama amontoada sobre os trilhos, num triste modo de quebrar a rotina.

RODRIGUES, Paulo. *À margem da linha*. São Paulo: Cosac Naify, 2001.

Vamos **entender** o texto

1. **A novela *À margem da linha* é narrada em primeira pessoa, pelo irmão mais novo. Na sua opinião, é possível perceber, nesse trecho, que ele tem grande admiração por Mano, o irmão mais velho? Explique, baseando-se em passagens do texto.**

2. **Assinale a(s) alternativa(s) que diz(em) respeito ao texto.**

A. ☐ A cena se passa numa zona rural.

B. ☐ A cena se passa próximo de uma estrada de ferro.

C. ☐ A cena se passa numa região deserta, sem nenhuma vegetação.

D. ☐ A cena se passa numa região completamente plana.

E. ☐ Não é possível saber se a cena se passa de dia ou de noite.

3. **Transcreva do texto passagens que justifiquem as respostas dadas na questão 2.**

A.

B. ______

______

______

______

C. ______

______

______

______

D. ______

______

______

______

E. ______

______

______

______

4. A cena descreve uma tempestade que cai subitamente sobre os dois irmãos. Que outras palavras com significado semelhante ao de *tempestade* o autor emprega em seu texto?

______

NIK NEVES/ARQUIVO DA EDITORA

5. No segundo e no terceiro parágrafos, o narrador descreve as impressões que a situação vivida por ele e seu irmão lhe desperta.

A. Mano diz: "Parece que a gente tá num altar". Como o narrador interpreta, no segundo parágrafo, esse comentário de seu irmão?

B. No terceiro parágrafo, o narrador muda um pouco essa interpretação, e diz que o comentário de Mano contém "certo misticismo". Explique, com suas palavras, o que ele quis dizer com isso.

6. No quarto parágrafo, Mano diz: "Se chover direto, daqui uns dias vai ser o diabo...". No parágrafo seguinte a esse comentário de Mano, o narrador continua a descrever a situação que estão vivendo com "certo misticismo"? Explique.

7. Qual dos adjetivos a seguir você acha que define melhor o clima da situação que os meninos estão vivendo? Qual o que define pior?

divertido | amedrontador | fascinante | banal | entediante | mágico | descontraído

8. Qual dos substantivos a seguir você acha que define melhor os sentimentos dos meninos diante da situação que estão vivendo? Qual o que define pior?

desamparo | alegria | entusiasmo | raiva | preguiça | medo | desconforto | nojo

Conexão com Ciências

O fascínio da natureza

A natureza, com suas intempéries e belezas, sempre intrigou o ser humano e inspirou sentimentos religiosos e místicos, como aos meninos de *À margem da linha*.

Para a maioria das civilizações antigas, o céu era um mundo paralelo ao nosso, habitado por deuses, monstros e heróis, todos coléricos e temperamentais. Os astros eram divindades que interferiam na nossa vida. Cabia aos sacerdotes, em nome do povo, presidir os rituais para aplacar a ira ou conquistar a benevolência dos deuses, que, embora não fossem seres deste mundo, interferiam nas coisas e na vida do homem.

Entre os séculos VI a.C. e II d.C., a civilização grega e helenística desenvolveu um primeiro modelo não mítico do Universo. Cultores da liberdade do pensamento e da crítica, até mesmo em relação aos seus deuses, os gregos estabeleceram um novo tipo de explicação para os fenômenos da natureza: estes ocorriam por força de propriedades naturais intrínsecas às próprias coisas. Assim, os astros se moviam não porque os deuses assim o queriam, mas porque tinham dentro de si propriedades naturais que os faziam mover-se.

Hoje, a busca por explicações é tarefa do cientista, mas esse trabalho é a continuação da velha e infindável procura de esquemas cada vez mais adequados para explicar o Universo e os novos fatos nele desvendados.

Adaptado de: MATSUURA, Oscar T. *Atlas do Universo*. São Paulo: Scipione, 1996.

As grutas de Bom Jesus da Lapa, na Bahia, abrigam um santuário há mais de 300 anos.

FABIO COLOMBINI/ACERVO DO FOTÓGRAFO

CONTAX66/SHUTTERSTOCK/GLOW IMAGES

Templo de Fengxian, na China. Nas mais de mil grutas da região de Longmen há uma riquíssima coleção de estátuas budistas, esculpidas entre os séculos IV e X.

Práticas de linguagem

1. **No segundo parágrafo do texto, o narrador transcreve um comentário de Mano:**

— Parece que a gente **tá** num altar [...].

Note que a palavra destacada, *tá*, está grafada em desacordo com a variedade-padrão da língua: trata-se de uma abreviação da forma verbal *está*. Ao fazer isso, o autor do texto aproxima a fala de sua personagem da linguagem oral do dia a dia e, assim, torna Mano mais íntimo do leitor.

A. Junto com um colega, sublinhe os termos dos versos abaixo que também procuram transcrever a fala oral de alguns grupos de falantes da nossa língua:

NIK NEVES/ARQUIVO DA EDITORA

As mariposa quando chega o frio
Fica dando vorta em vorta da lâmpida
pra si isquentá
Elas roda, roda, roda e dispois se senta
Em cima do prato da lâmpida pra descansá.

As mariposa. Adoniran Barbosa.

De tanto levar frechada do teu olhar
Meu peito até parece sabe o quê?
Táubua de tiro ao álvaro
Não tem mais onde furá.

Tiro ao álvaro. Adoniran Barbosa.

B. Ainda com seu colega, reescreva esses versos, adaptando-os às regras da variedade-padrão da língua.

C. Qual das formas é mais adequada levando-se em conta o conteúdo dos versos: a variedade regional ou a variedade-padrão?

2. **Releia este trecho do texto:**

[...] Só então os homens *lutariam* com a lama amontoada sobre os trilhos, num triste modo de quebrar a rotina.

Note que o verbo *lutar* não está sendo usado em seu sentido próprio: homens lutam contra outros homens ou animais, e não com algo inanimado como a lama. Chamamos de metáfora a esse recurso linguístico que consiste em utilizar uma palavra ou expressão fora de sua situação habitual, conferindo-lhe novo sentido.

NIK NEVES/ARQUIVO DA EDITORA

No caso que estamos analisando, o autor poderia ter dito: "os homens *retiravam* a lama amontoada nos trilhos". Entretanto, ao optar pela expressão *lutar com a lama*, ele acrescenta uma informação sobre o trabalho de limpeza dos trilhos: a de que ele exigiu esforço e coragem dos homens que o realizaram.

Reconheça e sublinhe as metáforas dos itens abaixo. Em seguida, reescreva as frases eliminando ou substituindo as metáforas por outras.

A. Pesei todos os argumentos dos candidatos antes de decidir meu voto.

____

B. Laércio, com seus cabelos de neve, aparentava ser bem mais velho do que realmente era.

____

C. Minha vizinha é gremista doente: quando seu time perde, ela chora.

____

D. A lojinha de seu Anderson fica no coração da cidade, ao lado do único cinema da região.

____

E. A fúria da chuva assustava os dois irmãos.

____

Vamos **relacionar** os textos

Complete os itens a seguir com as palavras e expressões dos quadros abaixo.

realista	ar livre	fantasia	primeira	castelo	terceira

A. Em *A torre*, os acontecimentos se passam dentro de um ________________; já em *À margem da linha*, os fatos se dão ao ________________.

B. *A torre* é narrado em ________________ pessoa e *À margem da linha*, em ________________.

C. A situação narrada em *A torre* é distante da realidade: pertence ao mundo da ________________. A situação retratada em *À margem da linha* é mais ________________, isto é, mais próxima da realidade.

Vamos conversar

Você já viveu uma situação difícil como a de Mano e seu irmão? Ou seja, já teve de enfrentar uma tempestade, perdeu-se de seus pais ou responsáveis ou algo semelhante?

Conte a seus colegas como isso aconteceu e ouça as experiências vividas por eles. Em seu relato, procure responder às seguintes questões:

- Era de dia ou de noite?
- Estava só ou havia mais alguém com você?
- Como era o lugar em que a situação se deu?
- O que você sentiu enquanto durou a situação?
- Como tudo terminou?

Vamos escrever

Agora escolha uma das situações narradas por seus colegas na seção **Vamos conversar**: você vai escrever um texto inspirado nela. Se preferir, escreva sua própria história.

- Narre sua história em primeira pessoa.
- Situe a cena: como tudo começou? Quem estava presente? Que horas eram?
- Descreva detalhadamente o lugar da cena e diga o que o narrador sentiu diante da situação. Use metáforas nessa descrição.
- Conte o desfecho do acontecimento.
- Dê um título a seu texto.

Autoavaliação e reescrita

Leia o quadro abaixo, usando-o como referência para analisar o texto que você produziu.

sim	não	
☐	☐	O narrador é em primeira pessoa?
☐	☐	Você situou sua história no tempo?
☐	☐	O lugar em que se passa a história está descrito com detalhes?
☐	☐	Você empregou metáforas em seu texto?
☐	☐	Você deu um título para seu texto?

Escolha um colega de classe e entregue-lhe seu texto: peça-lhe que o leia e que também responda às questões propostas no quadro acima. Em seguida, reescreva sua narrativa melhorando os pontos que não ficaram bons. Finalmente, passe seu texto a limpo e entregue-o ao professor.

Unidade 6

CARTAS, CARTÕES E *E-MAILS* NA CONSTRUÇÃO DA NARRATIVA

- **FOCO:** o uso de correspondências na construção da narrativa.
- **GÊNEROS:** novela e romance epistolar.
- **PRÁTICAS DE LINGUAGEM:** tempos verbais (pretérito imperfeito, pretérito perfeito e pretérito mais-que-perfeito do indicativo); coordenação de frases; *meio*: advérbio e numeral; futuro do pretérito.

VAMOS LER 1

Ronald Claver nasceu em Belo Horizonte, em 1946. Diz ele: "estou perdido em Belo Horizonte desde que me deram o mundo de presente". Formou-se em Letras pela Universidade Federal de Minas Gerais, onde posteriormente foi professor de língua e literatura. Tem mais de 20 livros publicados, entre os quais se destacam *O jardim dos animais* e *A última sessão de cinema*.

A namorada

NO TEXTO A SEGUIR, VOCÊ VAI CONHECER OS DILEMAS DE UM JOVEM APAIXONADO E A SOLUÇÃO QUE ENCONTROU PARA DECLARAR-SE A SUA AMADA.

Missa das 10, eram 9h45min. Perambulava no adro da igreja quando Glorinha apontou na esquina. Fiquei em pânico. Minhas pernas tremeram. O coração disparou. Me escondi atrás de uma árvore.

Ela vinha acompanhada de outras meninas e falava sem parar. Estava radiante e vestia vermelho. Ela passou perto da árvore onde estava. Não me viu. O medo e a ansiedade foram tantos que virei raiz, folha, tronco. Era outono e me despenquei lá de cima. Tinha virado uma folha. Uma folha seca. Mas um vento bom não me deixou perdido, à mercê de passos desavisados ou de alguma roda descuidada. A aragem dominical me levou até o templo e me alojou atrás de Glorinha. Se a morte era a glória celeste, Deus em sua infinita sabedoria, provavelmente, não conhecera a Glória terrestre. E ela estava ali, no templo. Perto Dele, orando a Ele, falando a mesma língua Dele.

[...]

E quando a missa terminou, ela saiu como entrara, ruidosa. Mas percebi que ela olhou para um rapaz. E aquilo foi um punhal, uma faca de muitos gumes. Fiquei arrasado e meu primeiro ímpeto foi matar aquele sujeito.

E meu dia transcorreu violento. Não almocei nem fui à matinê. Conheci o ciúme.

matinê: sessão (de cinema ou teatro) durante a manhã ou a tarde.

THEO/ARQUIVO DA EDITORA

Dulcineia: donzela idealizada por Dom Quixote, protagonista do livro *Dom Quixote de La Mancha*, de Miguel de Cervantes.

A noite foi infernal. Arquitetei mil planos para abordá-la. Imaginei cenas, encontros. Construí diálogos. Ouvi a sua doce voz penetrando em meus ouvidos e dizendo sim, sim, sim. Neste momento virei palavra. E naveguei todo o quarto. E a palavra Glorinha tinha asas. Era um pássaro de mil cores. E sobrevoei o quarto várias vezes e esse pássaro era Glorinha que voava em mim.

O sono veio tarde. Delirei. Glorinha transformou-se em Julieta. Depois em Myriam Lane, em Narda e desfilou em mim com vários nomes. Às vezes tornava-se Rapunzel e ficava na torre inexpugnável, pedindo socorro, lançando as tranças para o príncipe encantado. E este príncipe nunca era eu, pena.

Nesta mesma noite, caminhamos de mãos dadas. Estávamos em silêncio, mudos. O cenário era um pátio de longas paredes que não acabava nunca. Éramos os únicos naquela paisagem. Aproximei-me de seu rosto e ela recuou, negaceou, mas insisti. E quando lábios e olhos se tocaram, tudo evaporou. Acordei.

E Glorinha continuou no ofício de me percorrer, de me perseguir. De me domingar. E Glorinha me dominou durante muito tempo, quando uma ideia luminosa glorificou todo meu sofrimento: escrever uma carta, era a saída.

Rabisquei papéis. Rasguei. Não consegui escrever além de seu nome. Mas o Divino Espírito Santo, a terceira pessoa (ou a segunda?) da Santíssima Trindade me encheu de luz: na segunda prateleira da estante de meu irmão descobri um livro, o maior de todos: *Cartas de Amor*, roubei-o.

Na página 27 estava a minha declaração, a carta que pedira a Deus. O autor era um gênio, descobriu as minhas palavras. Era assim:

Estas mal traçadas são endereçadas àquela que torna meus dias como este céu de abril.

(Abri a janela e o céu estava horrível, ia chover, e era maio.)

Você é a Dulcineia que tanto almejo.

(Perguntei ao Bolinha quem era Dulcineia e ele me disse que achava que era a *miss* Brasil.)

Sou um cavaleiro errante.

(Troquei o “errante” por “certeiro” porque ela podia achar que eu era um cara cheio de erros.)

Te vejo em todos os lugares. Chegou a hora de unirmos nossas solidões.
Teu
Romeu

Assinei, molhei as pontas do envelope com cuspe, surrupiei uns trocados na bolsa da mãe, comprei selo e coloquei a carta no correio, com o coração ansioso.

Um mês depois chegou a carta de Glorinha. Fui com sede ao pote. Abri sem cuidado. E fui lendo: A RESPOSTA ESTÁ NA PÁGINA 40, do mesmo livro.

TUA
JULIETA.

CLAVER, Ronald. *A última sessão de cinema*. São Paulo: Melhoramentos, 1986. p. 58-60.
(Prêmio Bienal Nestlé de Literatura Brasileira.)

Com quem sonha o narrador?

WWW.BRICABRAC.COM.BR/MANDRAKE.HTM

Narda: a namorada de Mandrake.

Myriam Lane: a namorada do Super-Homem. Também chamada Lois Lane em algumas histórias desse super-herói.

WARNER BROS./EVERETT COLLECTION

Julieta: par de Romeu no drama *Romeu e Julieta*, de William Shakespeare.

ILUSTRAÇÕES: THEO/ARQUIVO DA EDITORA

Rapunzel: personagem de conto de fadas que tem tranças muito longas.

Vamos **entender** o texto

1. Tente explicar o significado dos termos destacados. Se precisar, consulte um dicionário.

A. "Perambulava no **adro** da igreja quando Glorinha **apontou** na esquina."

- adro: ____________________
- apontar: ____________________

B. "A **aragem** dominical me levou até o templo e me alojou atrás de Glorinha."

- aragem: ____________________

C. "Às vezes tornava-se Rapunzel e ficava na torre **inexpugnável** [...]."

- inexpugnável: ____________________

D. "Aproximei-me de seu rosto e ela recuou, **negaceou**, mas insisti."

- negacear: ____________________

2. Releia o primeiro parágrafo e responda: qual a razão de o garoto ficar em pânico?

____

____

____

3. Numere os fatos abaixo a fim de colocá-los na mesma sequência em que ocorrem na narrativa:

A. ☐ Glorinha responde ao garoto.

B. ☐ O menino decide escrever uma carta para Glorinha.

C. ☐ O narrador vê Glorinha chegando para a missa.

D. ☐ Glorinha é beijada pelo garoto, em sonho.

E. ☐ O narrador planeja conversar com sua amada.

4. Qual o grande desejo do garoto?

____

5. Assinale a alternativa que mostra um obstáculo que impedia a realização do desejo do garoto:

A. ☐ Ele não sabia escrever cartas de amor.

B. ☐ Ele era muito tímido.

C. ☐ Glorinha não gostava dele e já estava interessada em outro garoto.

D. ☐ O garoto era muito ciumento e Glória não gostava disso.

6. Releia a carta que o garoto mandou à Glorinha e depois procure no dicionário o significado da palavra *errante*.

A. O que significa *errante*?

____

B. O que a personagem da história pensava que fosse *errante*?

____

THEO/ARQUIVO DA EDITORA

7. **Explique o significado das expressões destacadas:**

A. "E Glorinha continuou no ofício de me percorrer, de me perseguir. De me **domingar**."

B. "**Fui com sede ao pote.**"

8. **Releia a resposta de Glorinha e depois responda: qual o significado de suas palavras?**

9. **Na sua opinião, a carta que o garoto copiou é uma boa carta de amor? Explique sua resposta.**

Práticas de linguagem

1. **Releia este trecho do texto *A namorada*:**

Missa das 10, **eram** 9h45min. **Perambulava** no adro da igreja quando Glorinha **apontou** na esquina.

Note que os dois primeiros verbos – *ser* e *perambular* – estão no **pretérito imperfeito do indicativo**: *eram* e *perambulavam*. Já o terceiro e último verbo, *apontar*, está no pretérito perfeito do indicativo: *apontou*.

Isso acontece porque, com os dois primeiros verbos, o narrador **descreve a situação** tal como ela se apresentava quando a ação de apontar aconteceu. Com o verbo *apontar*, ele narra a ação ocorrida no passado: *Glorinha **apontou** na esquina.*

Faça o mesmo com os verbos das frases a seguir, usando o tempo verbal de acordo com o que se quer expressar: descrição da circunstância ou ação.

A. O dia (**estar**) lindo quando o barco (**atracar**) em Paraty.

B. A vida (**correr**) tranquila até o dia em que nós (**receber**) o resultado dos exames de Joana.

C. Cinderela (**viver**) como escrava da madrasta e de suas irmãs até o momento em que o príncipe (**experimentar**) o sapatinho em seu pé.

D. Mílton (**desprezar**) a pequena Minarete, mas um dia (**descobrir**) que ela guardava um incrível segredo.

E. A floresta (**ser**) o abrigo de milhares de espécies raras da fauna e da flora, mas, mesmo assim, (**ser**) desmatada.

2. **Releia este outro trecho do texto *A namorada*:**

Ela **vinha** acompanhada de outras meninas e **falava** sem parar. **Estava** radiante e **vestia** vermelho.

Os verbos estão no pretérito imperfeito do indicativo: eles descrevem a personagem Glorinha quando o narrador a encontrou.

Passe para o pretérito imperfeito do indicativo os verbos das frases seguintes que estão entre parênteses.

A. Maria (**ser**) uma candidata forte. (**Falar**) muito bem, (**conhecer**) a fundo os problemas do município e já (**ter**) experiência nas urnas.

THEO/ARQUIVO DA EDITORA

B. O Morro do Tatu (**ficar**) bem atrás de nossa casa. Um riacho (**correr**) por entre a mata e (**refrescar**) quem passeava por ali.

C. Seu Artur (**ser**) o mais antigo morador da casa. (**Usar**) sempre camisetas de mangas compridas e calça de brim, (**ler**) durante toda a tarde, nunca (**reclamar**) de nada. Sua simpatia (**conquistar**) a todos.

D. Naquele trecho, o mar (**ladear**) a estrada. O sol (**bater**) nas poucas árvores que (**haver**) e (**ressaltar**) a brancura das areias.

E. Quando conheci Ronaldo, ele (**ter**) apenas 5 anos. Seus cabelos, muito pretos e encaracolados, (**contrastar**) com sua pele branquinha. (**Rir**) muito, (**adorar**) brincar com Cidinha, mas (**implicar**) com o pobre Heitor.

3. Releia mais um trecho do texto *A namorada*:

Na página 27 estava minha declaração, a carta que **pedira** a Deus.

O verbo destacado, *pedir*, está no pretérito mais-que-perfeito do indicativo. Esse tempo verbal serve para indicar uma ação ocorrida no passado antes de outra também no passado: a ação de pedir ocorreu antes de o narrador procurar e encontrar a declaração que, mais tarde, enviaria a Glorinha.

O mais-que-perfeito existe na forma simples – *pedira* – e na forma composta, isto é, com os verbos *ter* ou *haver*: *tinha pedido* ou *havia pedido*. A forma composta, sobretudo com o auxiliar *ter*, é bem mais empregada do que a simples na língua que falamos no dia a dia.

Nos itens abaixo, passe as formas verbais destacadas, que estão no pretérito mais-que-perfeito simples, para o pretérito mais-que-perfeito composto.

A. Quando cheguei à Igreja, Glorinha já **fora** embora com suas amigas.

B. Abri a porta tarde demais: o telefone já **parara** de tocar.

C. André correu muito, mas, quando chegou à estação, o ônibus já **partira**.

D. Teodora resolveu vestir ontem o vestido que **comprara** na semana passada.

E. O filme a que assistimos no domingo era muito bom. Eu já o **vira** na semana anterior, mas mesmo assim valeu a pena.

THEO/ARQUIVO DA EDITORA

Vamos escrever com **esquema**

As cartas e os cartões-postais foram e ainda são algumas das formas de nos comunicarmos com pessoas de quem gostamos ou com quem precisamos manter contato por algum motivo. Chamamos de **remetente** a pessoa que envia a correspondência, e de **destinatário** a que a recebe.

Imagine que você é o narrador do texto *A namorada* e que, em vez de copiar trechos de um livro, arruma coragem para escolher sozinho as palavras de sua carta para Glorinha. Complete o esquema abaixo. Use as informações entre parênteses para orientar-se.

_______________ (nome da cidade), __________ (dia) de _______________ (mês) de 20______ (ano).

_______________ (adjetivo afetuoso) Glorinha

Depois de muito hesitar, resolvi _______________________________________ .

Faz tempo que _______________________________________ .

Gostaria de lhe dizer que _______________________________________ .

Espero que você não _______________________________________ .

Eu ficaria extremamente feliz se você _______________________________________ .

Fico esperando uma resposta sua!

_______________ (palavras de despedida)

_______________ (assinatura)

Vamos pesquisar e conversar

1. Descubra em que horário o carteiro passa em sua rua e procure entrevistá-lo. Primeiro formule as perguntas que serão feitas a ele. Depois converse com ele e verifique a possibilidade de lhe conceder a entrevista.

Aqui estão algumas sugestões:

Nome: ____________________

____

Endereço completo (não se esqueça de pedir o CEP): ____________________

____

____

____

Há quanto tempo você é carteiro? ____________________

Em média, quantas cartas você entrega por dia? ____________________

Em média, quantos quilômetros você anda por dia? ____________________

____

Qual a melhor coisa de sua profissão? ____________________

____

____

____

____

E a pior? ____________________

____

____

____

____

Espaço reservado para outras perguntas: ____________________

____

____

____

____

2. Preencha o envelope abaixo corretamente. Se puder, peça ajuda ao carteiro.

3. Apresente para seu grupo o resultado da entrevista. Procure contar o que você descobriu sobre o entrevistado, usando suas anotações apenas para recordar-se de algum detalhe. Seja claro ao expor as informações.

Ampliando horizontes

Durante muito tempo, antes de a internet difundir-se em massa, cartas e cartões-postais eram alguns dos meios de manter-se próximo de quem estava distante. Os cartões-postais tinham ainda uma particularidade especialmente atraente: possibilitava que o viajante partilhasse com parentes e amigos as paisagens que visitava. É o que diz o parágrafo a seguir.

Viajar em companhia dos que partem, ver novas paisagens pelos olhos dos outros e sentir o mundo pelo relato dos amigos são variações do que já se disse acerca do cartão-postal [...]. Para tanto, a conjunção entre texto e imagem funciona para aliciar aquele que fica a compartilhar da viagem, sem arredar pé de casa.

AZEVEDO, Sílvia Maria. Revista *Cultura Crítica*, n. 7, 1º semestre de 2008.

OSTILL/SHUTTERSTOCK/GLOW IMAGES

REPRODUÇÃO/ARQUIVO DA EDITORA

Igreja Santo Antônio do Carmo, em Olinda, Pernambuco.

Converse com seus colegas:

1. Você já escreveu ou recebeu cartas e cartões-postais?

2. Que vantagens e desvantagens as cartas e os cartões-postais têm em relação aos meios eletrônicos?

3. Você acha que a internet, o telefone celular e outras mídias eletrônicas cumprem a função dos cartões-postais apontada por Sílvia Maria Azevedo, isto é, permitem "viajar em companhia dos que partem, ver novas paisagens pelos olhos dos outros e sentir o mundo pelo relato dos amigos"?

Vamos escrever

1. Escreva uma carta ao carteiro que você entrevistou. Siga estas orientações:

- Escreva o local e a data, no alto da página, à esquerda.
- Escreva o vocativo, isto é, o nome do carteiro acrescido de um ou mais termos simpáticos, como, por exemplo, "Caro senhor Miguel", "Miguel, amigão"...
- No primeiro parágrafo, agradeça ao carteiro pela atenção.
- No segundo parágrafo, conte que a entrevista dada por ele foi usada como atividade de sala de aula e que seus colegas puderam conhecê-lo também.
- No terceiro parágrafo, mostre o que você pensa a respeito da profissão dele.

- No quarto parágrafo, despeça-se dele.
- Assine sua carta.
- Escreva a carta em uma folha avulsa e entregue-a ao professor.
- Envie sua carta.

2. Imagine que você é Glorinha e responda à carta que você lhe escreveu em nome do narrador de *A namorada* na seção **Vamos escrever com esquema** (p. 107). Você vai fazê-lo usando um cartão-postal.

A. Traga para a classe uma fotografia que mostre parte de uma cidade que poderia ser aquela em que se passa a história de *A namorada*. Pode ser uma paisagem bonita, uma casa ou um edifício interessante, uma árvore centenária... Cole-a no espaço abaixo.

B. Agora escreva a resposta de Glorinha. Você pode seguir as orientações abaixo:

- Escreva, primeiro, o nome de seu destinatário – no caso, o narrador do texto. Como ele não é nomeado, invente um nome e acrescente um ou mais termos para se referir a ele. Pode ser em tom afetuoso, irônico, frio... isso vai depender dos sentimentos que você imagina que Glorinha tem em relação ao narrador. Por exemplo, "Beto, querido"; "Prezado Roberto"; "Beto, meu Quixote".
- Redija sua resposta, que pode ser simpática, apaixonada, humorística... Não se esqueça de reler o que escreveu na seção **Vamos escrever com esquema**, pois é àquela carta que a "sua" Glorinha está respondendo. Como o espaço do cartão-postal é pequeno, você terá de ser bem conciso.
- Despeça-se do narrador em nome de "sua" Glorinha – envie-lhe um beijo, um abraço ou outra expressão adequada à relação que a menina tem com seu destinatário.
- Crie uma assinatura para Glorinha e use-a para finalizar o cartão-postal.
- Complete as informações do cartão-postal: nome do destinatário (invente um sobrenome para Glorinha) e endereço completos, inclusive o CEP.

VAMOS LER 2

Elias José (1936-2008) nasceu em Santa Cruz da Prata (MG). Formado em Letras e Pedagogia, foi professor de teoria literária e literatura brasileira. Em 1976 lançou seu primeiro título infantil, *As curtições de Pitu*. A partir daí são mais de cem títulos publicados, entre poesia e prosa, tanto para crianças como para jovens e adultos. Entre outros prêmios, recebeu o Jabuti, em 1974; o da Fundação Nacional do Livro Infantil e Juvenil, em 1992; e o da União Brasileira de Escritores, em 2002.

A descoberta do amor por *e-mail*

LEIA ESTE TEXTO E CONFIRA COMO OS TRABALHOS DE ESCOLA E A INTERNET AJUDAM NO RELACIONAMENTO DOS COLEGAS.

Quando distribuiu os trabalhos sobre os contos de Machado de Assis, o professor Almir nunca pensou que fosse fazer tanto sucesso e mexer tanto com a turma. Tentou unir os gostos dos alunos com a tarefa a ser desenvolvida. Os que gostam de teatro deveriam montar uma peça com um dos contos, observando bem as roupas, cenários e a linguagem da época. Os que desenham bem recontariam um conto através de imagens. Os que tocam instrumentos ou cantam, criariam músicas falando do tema ou das personagens. Os que gostam de História pesquisariam sobre usos, costumes e cultura do Rio de Janeiro da época. Os que gostam de escrever recontariam o conto mudando o nar-

THEO/ARQUIVO DA EDITORA

rador ou transformariam o destino das personagens no desfecho. Os que gostavam de corresponder-se com amigos, em duplas, trocariam cartas comentando o conto e o estilo do autor. Tê e Diego, que tanto gostam de computação, comentariam a descoberta do amor no conto *Missa do galo*, com comentários pessoais e críticos via *e-mail*. Redigiriam caprichadamente e imprimiriam cada *e-mail* e depois, como os demais grupos, exporiam oralmente o trabalho, deixando-o afixado no mural da escola. [...]

Tê e Diego gostaram muito da ideia. Anotaram e discutiram as orientações, leram e releram o conto, combinaram os vários passos do trabalho. E, naquele mesmo dia à noite, começaram a trocar *e-mails*.

[...]

Querido amigo Diego:

[...]

Não sei se você leu tantas vezes o conto. Acho que sou meio lerda. Reli muito para perceber mais coisas daquele tempo, daquela casa e daquelas personagens, tive que reler umas dez vezes. Confesso, depois disto, amei o conto. Se você me perguntasse qual seria o texto mais belo que já li, eu falaria: *Missa do galo*, de Machado de Assis.

Vamos terminando por aqui? Antes, como o Almir pediu, quero dizer o que achei do trabalho e do meu parceiro. Acho que foi o trabalho mais gostoso que fiz, que cresci muito com ele, pois aprendi a reler uma história literária muitas vezes, até que encontrasse a razão de ser tão elogiada e de ter uma fama tão duradoura. Se fosse professora, só daria contos e poemas para os alunos lerem, pois não há jeito de ficar relendo romances longos. Descobri, também, que um autor antigo pode ser amado hoje, por jovens, desde que bem lido.

O meu parceiro foi ótimo, parece que se envolveu muito com o trabalho. Demonstrou inteligência e sensibilidade. Conversamos horas sobre o assunto, antes de cada *e-mail*, tanto na escola, como no caminho de casa ou por telefone. A amizade se fortaleceu no diálogo. Obrigada, Di. Você foi um amor! Merecemos nota dez. Você não acha?

Um abração bem carinhoso da amiga

Tê

Cara Tê:

Gostei do trabalho porque deixamos de responder àquelas cretinas fichas de leitura para desenvolver algo bem mais criativo. Acho que, na apresentação oral, vamos enriquecê-lo mais, pois não somos destas pessoas tímidas e enrustidas. Não acha? A escola deveria dar trabalhos assim para a gente, não acha? Por que só o Almir?

Quanto à companheira de viagem, não poderia ser mais inteligente e melhor. Devo confessar que comecei na brincadeira, depois tive que ler e reler o conto também, para acompanhar a sua firmeza, caríssima Tê. Além do trabalho, ficarão os nossos laços afetivos mais firmes. Espero.

Um grande abraço que é mais que um abração do

Di

UM RECADO FORA DO NOSSO TRABALHO. LEIA, PENSE E ME RESPONDA.
NÃO VALE IMPRIMIR E ACRESCENTAR AO TRABALHO.

Querida Tê:

Queria fazer-lhe uma revelação importante e secreta: estou apaixonadão por minha colega de classe e de trabalho. A Tê, que toda a turma admira e gosta. Só que eu estou gostando e admirando-a de modo mais intenso e diferente. Saiba, Tê, que, ao contrário do Nogueira, sempre achei você bonita. Só que, agora, com maior convívio, fui observando os seus belos detalhes (olhos, cabelos, nariz, lábios, dentes, corpo, modo carinhoso de falar, modo alegre de rir, etc., etc., etc.). E hoje acho você linda, lindíssima. Confesso que o meu coração dispara quando me aproximo de você. Não sei como você não notou, como a classe toda não notou. Estou soltando fogos pelos olhos. Gostou desta? Virei poeta sem sentir... Acho que daqui a muitos anos, vou me lembrar deste P.S. do nosso trabalho, seja qual for a sua resposta. E vou escrever um conto ou poema. Creia, Tê, que você foi o meu primeiro alumbramento. E como me sinto loucamente alumbrado!

Um beijão, com muito amor do

Di

E-MAIL PARA SER LIDO E APAGADO DA MEMÓRIA DO COMPUTADOR.
NADA DE IMPRIMI-LO.

Amigo Di:

Você me desconcertou. Por esta declaração de amor, eu não esperava. Cheguei a pensar que fosse uma das suas mil brincadeiras carinhosas. Depois, vi que era coisa séria. Valeu o carinho, mas hoje sou só a sua amiga Tê. Estamos afetivamente envolvidos por causa do nosso trabalho. Creio que nunca convivi tanto tempo com um colega, e de maneira agradável e inteligente. Confesso que as suas palavras de amor quase me balançaram. Devo ser sincera e confessar que tenho outro alumbramento, no momento ainda vivo e intenso. Se um dia passar o que sinto por um garoto, amigo nosso, quem sabe a gente poderá tentar. Assim é melhor. Se o seu amor for verdadeiro, saberá esperar. Se a minha paixão de hoje não der em nada, se eu continuar meio balançando para o seu lado (como segunda opção), poderemos tentar. Está certo assim?

THEO/ARQUIVO DA EDITORA

Vamos destruir as mensagens complementares, a sua e a minha, pois assim será bem melhor. Não acha? Toda a classe vai continuar achando que somos os melhores amigos do mundo, que tudo nos une, inclusive Machado de Assis e a mania de passar *e-mail* por tudo e por nada.

Abraço carinhoso da amiga

Tê

JOSÉ, Elias. A descoberta do amor por *e-mail*. In: JOSÉ, Elias e outros. *A descoberta do amor em prosa*. São Paulo: Companhia Editora Nacional. s.d. p. 9-31. (Coleção Literatura em Minha Casa).

Vamos **entender** o texto

1. Sublinhe apenas as informações corretas a respeito do texto:

A. Na primeira parte do texto, há um narrador-personagem.

B. Na primeira parte do texto, há um narrador observador.

C. As personagens do texto são o professor Almir e seus alunos.

D. A história se passa no século XIX.

2. As duas personagens da troca de *e-mail* são:

A. ☐ colegas de classe.

B. ☐ namorados.

C. ☐ apaixonados, mas não namorados.

D. ☐ grandes e velhos amigos.

3. O título do texto – *A descoberta do amor por* e-mail – justifica-se:

A. ☐ pela animação da turma com o trabalho proposto pelo professor Almir.

B. ☐ pela revelação do amor de Diego por Tê.

C. ☐ pela revelação do amor de Tê por Diego.

4. Relacione cada um dos trechos abaixo a uma característica de Diego:

divertido	apaixonado	observador	sincero

A. "Cheguei a pensar que fosse uma das suas mil brincadeiras carinhosas."

____

B. "Confesso que o meu coração dispara quando me aproximo de você."

____

C. "Queria fazer-lhe uma revelação importante e secreta: estou apaixonadão por minha colega de classe e de trabalho."

____

D. "[...] fui observando os seus belos detalhes (olhos, cabelos, nariz, lábios, dentes, corpo, modo carinhoso de falar, modo alegre de rir, etc., etc., etc.)."

____

5. Por meio da correspondência, as pessoas têm oportunidade de falar a respeito de suas emoções, de seus desejos, de seus planos. Lendo o *e-mail* de Diego e o que Tê respondeu para ele, o que se pode perceber a respeito dessas duas personagens?

6. O que você acha do trabalho que o professor Almir passou a seus alunos? Você já fez trabalhos assim?

Práticas de linguagem

1. Observe as modificações e faça o mesmo com as frases dadas:

Se fosse professora, só daria contos e poemas para os alunos lerem [...].

Sou professora. Só dou contos e poemas para os alunos lerem.

A. Se Fausto tivesse uma casa na praia, viajaria todos os fins de semana.

B. Se Joana fosse dedicada, suas notas seriam boas.

C. Se minha mãe fosse vegetariana, não comeria alimentos de origem animal.

D. Se morasse no Brasil há anos, John falaria português fluentemente.

2. Veja o exemplo e junte as duas frases em uma só:

Leia, pense e me responda. Não vale imprimir e acrescentar ao trabalho.

Leia, pense e me responda, mas não vale imprimir e acrescentar ao trabalho.

A. Se quiser, ligue o computador para ler suas mensagens antes de dormir. Não se esqueça de que amanhã tem de acordar cedo.

____

____

B. Aproveite bem o verão. Não se esqueça de usar protetor solar.

____

____

C. Gosto de romances. Prefiro contos e poemas.

____

____

3. Observe o sentido em que foi empregada a palavra meio na frase escrita por Tê:

Acho que sou **meio** lerda.
↘ advérbio

Compare com o sentido da palavra nestas outras frases:

Ando **meio** quilômetro até chegar à escola.
↘ numeral

Ela chegou em **meia** hora.
↘ numeral

Quando equivale a "um tanto", "um pouco", *meio* é advérbio e invariável; quando equivale a "metade de um", "um meio", é numeral e variável.

Complete as frases com meio ou meia, assinalando com A, se ocorreu advérbio, ou com N, se ocorreu numeral:

A. ☐ Estou com muita fome: comi só ______________ maçã no lanche.

B. ☐ Escrevi ______________ página de texto e não consegui me explicar.

C. ☐ Fiquei ______________ confusa com o que ele me disse.

D. ☐ Elas são ______________ parecidas porque são irmãs.

E. ☐ Se ela disse que está ______________ balançando para o meu lado, tenho chance...

4. Observe como o uso do **futuro do pretérito** cria no texto a noção de possibilidade, de algo eventualmente possível:

Os que gostam de teatro **deveriam** montar uma peça...

Compare com a afirmação categórica desta outra frase com verbo no futuro do presente:

Os que gostam de teatro **deverão** montar uma peça...

Transforme as frases, usando no futuro do pretérito os verbos destacados, para expressar possibilidade. Faça as alterações necessárias.

A. A dupla **redige** e, se puder, **imprime** o texto, para, mais tarde, apresentá-lo à turma toda.

B. Sara **ficará** contente se souber que Marcelo está na cidade.

C. Tenho certeza de que a festa **será** muito boa, mesmo se chover.

Conexão com Literatura

Missa do galo

PINACOTECA DO ESTADO, SÃO PAULO

Tela de José Ferraz de Almeida Jr. (1850-1899), retratando interior de uma casa de família burguesa.

No texto 2, menciona-se um dos mais célebres contos de Machado de Assis (1839-1908): *Missa do galo*.

Nesse conto assistimos à conversa entre Nogueira, um jovem estudante de 17 anos, e Conceição, uma pacata mulher de 30 anos, esposa resignada de um marido que a trai. Tudo se passa numa véspera de Natal, no Rio de Janeiro do fim do século XIX: Nogueira, que é natural da pequena Mangaratiba, espera dar meia-noite, pois quer assistir à missa do galo "na Corte" (lembre-se: o Rio era capital do país na época do Brasil Império).

A conversa entre eles é, ao mesmo tempo, banal e misteriosa. Nada acontece de objetivo entre Nogueira e Conceição e, no entanto, cada palavra, cada olhar e cada gesto revelam uma proximidade crescente entre os dois, carregada de emoção e de sutil sensualidade.

THEO/ARQUIVO DA EDITORA

Vamos **relacionar** os textos

1. **Classifique de acordo com os textos 1 e 2. Use A para texto 1, B para texto 2 e C para os dois textos:**

A. ☐ Há um narrador observador.

B. ☐ Há um narrador-personagem.

C. ☐ Há troca de cartas entre uma personagem feminina e uma personagem masculina.

D. ☐ Há troca de *e-mails* entre uma personagem feminina e uma personagem masculina.

E. ☐ A personagem masculina está apaixonada.

F. ☐ Há um caso de paixão não correspondida entre as personagens.

G. ☐ A personagem feminina mostra-se carinhosa e amiga.

2. **Nos textos 1 e 2, um garoto e uma garota trocam correspondências. No primeiro caso, por carta; no segundo, por *e-mail*. Levante hipóteses:**

A. Por que as personagens do texto 1 não trocaram *e-mails*?

B. O que mudaria nas duas histórias se, na primeira, a correspondência fosse feita por *e-mail* e, na segunda, por carta?

Conexão com Literatura

Romances epistolares

Nos dois textos desta unidade, vimos como a correspondência desempenha papel fundamental na vida das personagens.

A presença das cartas na literatura tem uma longa tradição, e *Os sofrimentos do jovem Werther* talvez seja o exemplo maior. Nessa obra-prima de J. W. Goethe (1749-1832), conhecemos a paixão do protagonista por Charlotte, moça que já está comprometida com outro homem: é noiva de Albert. As alegrias e os sofrimentos de Werther são narrados em cartas que escreve a seu amigo Wilhelm.

Epístola quer dizer "carta". Romance epistolar é o romance que conta uma história por meio das cartas de suas personagens.

JEAN BAPTISTE SIMONET/BIBLIOTHÈQUE NATIONALE, PARIS

Ilustração do livro *Os sofrimentos do jovem Werther*.

Usando o dicionário

1. Copie de seu dicionário o verbete *alumbrado*.

2. No trecho: "Creia, Tê, que você foi o meu primeiro alumbramento. E como me sinto loucamente **alumbrado**!", qual dos significados que você copiou na questão 1 é mais adequado?

3. Com base no que foi observado anteriormente, pode-se concluir que:

A. ☐ Uma mesma palavra pode apresentar diferentes significados.

B. ☐ Quando procuramos uma palavra no dicionário, antes de compreendermos o seu significado, precisamos saber em que contexto ela está sendo usada.

4. Leia o verbete abaixo e depois faça o que se pede:

do.ce *adj.* 2g. 1. De sabor semelhante ao do mel e do açúcar [...]. 2. Não salgado (água). 3. Não acre (frutas). 4. (fig.) Suave, meigo, afável [...].

LUFT, Celso Pedro. *Minidicionário Luft*. 21. ed. São Paulo: Ática, 2008.

A. Qual o significado da abreviatura *fig.* (procure-o no início de seu dicionário, na parte em que há a explicação das abreviaturas)?

____

B. Relacione as orações abaixo a cada um dos significados apresentados no verbete:

☐ Samanta é uma moça muito doce e inteligente.

☐ Prove desta laranja: ela está muito doce!

☐ O bolo que fiz ontem não ficou muito bom: estava excessivamente doce.

☐ O dourado é um peixe de água doce.

Vamos escrever

Agora você vai se colocar no lugar de Di e responder ao *e-mail* de Tê.

- Imagine como ele reagiu à sugestão da garota. Aceitou? Ficou triste? Esperançoso? Decidiu não continuar a trocar mensagens com Tê?
- Comece escolhendo as palavras com as quais vai se referir à sua amiga. Vai continuar a usar apenas as duas letras iniciais de seu nome, indicando que a cumplicidade entre vocês continua igual? Ou vai ser um pouco mais distante?
- Escreva o corpo de sua mensagem, expressando sua decisão. Pense no tom das palavras, adequando-o à sua intenção.
- Despeça-se de sua amiga e, por fim, assine sua mensagem.
- Não se esqueça de preencher o campo "assunto" de seu *e-mail*.

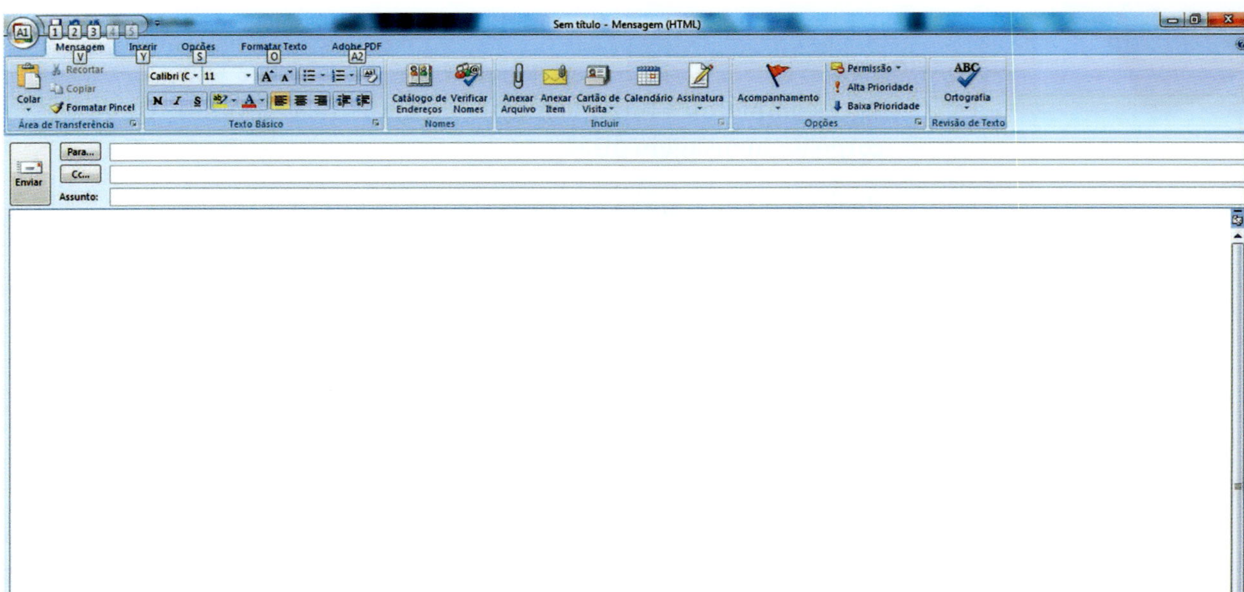

MICROSOFT CORPORATION/ARQUIVO DA EDITORA

Antes de redigir seu texto, leia o quadro a seguir.

É bem provável que você esteja habituado a mandar e receber *e-mails*, ou, pelo menos, já tenha tido a oportunidade de ver como são as correspondências via *web*. Afinal, havia uma estimativa de que, em 2010, cerca de 75 milhões de brasileiros teriam acesso à internet.

Entretanto, muitas pessoas ainda usam mal esse meio de comunicação. Como a interação entre o destinatário e o remetente é feita por meio de uma máquina, não é raro que quem escreve "se esqueça" de que a pessoa do "lado de lá" é real e, então, expressa-se de forma descompromissada, por vezes até desrespeitosa. Por isso, aí vai uma listinha de dicas para você usar bem essa mídia eletrônica.

- Como os interlocutores não estão frente a frente, às vezes um comentário bem-humorado pode soar agressivo. Para minimizar esse problema, existem os chamados *emoticons*. Veja alguns exemplos:

Mas atenção: use-os com moderação!

NATALY-NETE/SHUTTERSTOCK/GLOW IMAGES

- A linha do assunto é decisiva: lembre-se de que muitos de nós recebemos um número elevado de *e-mails* e, por isso, às vezes os apagamos sem ler a mensagem. Assim, procure fazer com que o título de sua correspondência expresse o "resumo" do que seu leitor vai ler.
- Não escreva usando apenas letras maiúsculas: essa é uma convenção para indicar que se está gritando – ou seja, pode ser desagradável.
- É difícil resistir às abreviações, como *vc*, *abs.*, etc. Entretanto, também aqui o melhor é não abusar para não criar algum mal-entendido.

Auto-avaliação e reescrita

Leia o quadro abaixo: ele vai ajudá-lo a avaliar o *e-mail* que você redigiu na seção **Vamos escrever**.

sim	não	
☐	☐	Você completou a linha "assunto" de maneira a "resumir" o que o corpo da mensagem dirá?
☐	☐	Você escolheu um modo expressivo de se dirigir a Tê?
☐	☐	Se recorreu a *emoticons*, usou-os com moderação?
☐	☐	Evitou o exagero nas abreviações?
☐	☐	Evitou escrever seu texto usando apenas letras maiúsculas?
☐	☐	Você se despediu de sua interlocutora e assinou sua mensagem?

Mostre seu *e-mail* para um colega de classe e peça-lhe que o comente, levando em conta os itens do quadro acima. Em seguida, corrija os pontos que podem ser melhorados e passe seu texto a limpo. A classe pode escolher os *e-mails* de que mais gostou e publicá-los no *site* da escola junto com o texto de Elias José.

Unidade 7

O RELATO PESSOAL

- **FOCO:** o relato de fatos e acontecimentos pessoais na ficção.
- **GÊNERO:** relato pessoal.
- **PRÁTICAS DE LINGUAGEM:** pronomes de primeira pessoa; metáfora; interjeição e exclamação; *isso* e *isto*; prosopopeia; partícula *se*; diminutivos; parônimos.

VAMOS LER 1

Maria Dinorah (1925-2007) nasceu no Rio Grande do Sul. Jornalista, educadora e, principalmente, escritora, definia a si mesma como uma "andorinha da palavra", por causa dos livros que escreveu e dos cursos sobre educação que dava em escolas do Brasil e de países vizinhos.

O barco

VAMOS LER AGORA UM TEXTO EM QUE A PERSONAGEM EXPRESSA SENTIMENTOS E SENSAÇÕES DE SUA VIVÊNCIA EM UM BARCO.

FAIFI/ARQUIVO DA EDITORA

Na verdade, o barco era meu mistério. Que coisa linda, aquele berço flutuante balançando nas águas, tendo o céu infinito por lençol!

Desde que entrei nele pela primeira vez — era ainda pequena, e o pai nos levou para um passeio — que me apaixonei pelo seu aconchego.

Era ninho e cometa.

O sulco marcando as águas formava sua cauda; as espumas, seu halo.

Nele eu virava anjo, pássaro.

As paisagens se transformavam em novos e fantásticos mundos, onde a vegetação densa e as montanhas me intrigavam.

Que haveria por trás delas?

Dentro delas?...

O céu era o palácio das cores.

Cada dia uma.

Ou várias, a um só tempo.

À noite as sombras o invadiam, e o transformavam em susto.

Mas quando as lanternas das estrelas acendiam seu pisca-pisca mágico, e a lua, mãe da poesia e do mistério, transbordava das trevas, era o delírio.

E o barco seguia sendo meu herói, porque era dele que emanavam todos esses encantos.

Às vezes, nos fins de semana, o pai me levava pra pescar.

De caniço em punho eu ficava ali, adernando o barco no silêncio, mergulhando linha, anzol e isca na água.

Marulho manso.

Silêncio infinito.

Lá pelas tantas, a água tremia.

A linha tremia.

Tremia meu coração.

A isca fisgara o bichinho.

Que coisa fantástica!

Eu erguia o caniço devagarinho e o peixe surgia, a debater-se no ar, como ave desesperada...

Sentia-me herói e bandido.

Matar os bichinhos, judiaria!

Mas o pai falava que era a lei da vida.

E quando no dia seguinte a gente saboreava, à mesa, a delícia das postas de peixe assadas, com o sagrado tempero da mãe, confesso que esquecia o crime e vivia a glória da conquista.

O barco...

Berço e rima.

Silêncio e música.

Sim, quando beirávamos os barrancos, o sopro do vento balançando as árvores era poema, e os pios das aves, a mais bela melodia.

Ah, como a vida era linda e transfigurada, através desse barco, rolando sobre a imensa serpente do rio!

Eu era apaixonada por ele, sim.

E meu grande sonho era dirigi-lo um dia, águas afora, sozinha com meu silêncio...

Demorei a conseguir que o pai me ensinasse a mecânica do motor e, mais ainda, que me permitisse realizar esse sonho.

Não foram poucas as travessias que fiz sob sua orientação, levando as mercadorias para o outro lado do rio.

Com a calça de brim e o boné para me proteger do sol, eu me sentia, empunhando o leme, uma verdadeira barqueira.

Mesmo sobre as águas, era como se flutuasse!

Que deliciosa façanha a vida me dera a chance de cometer!

E, quando isso ocorria, a situação mudava: eu era o herói, e o barco, meu comandado.

Pois foi esse maravilhoso barco que me levou até a escola pela primeira vez.

Ah, aprender a ler!

Descobrir a magia da palavra!

Minha cabeça era um remoinho de curiosidades a se iluminar de espanto.

A professora era gordinha, baixinha e doce.

Doce foi também a aprendizagem.

E com que ternura eu ia decifrando o enigma das letras.

Seu poder.

Seu som.

Falando comigo, nas frases e períodos.

E o mais fantástico: me contando histórias.

DINORAH, Maria. *Um pai para Vinícius*. São Paulo: FTD, 1995. p. 32-40. (Título nosso.)

caniço: vara de pescar.

marulho: barulho suave provocado pelo movimento das águas.

façanha: tarefa admirável ou difícil de realizar.

FAIFI/ARQUIVO DA EDITORA

Vamos **entender** o texto

1. **Antes de passarmos às atividades de entendimento do texto, tente explicar o significado das palavras destacadas. Se precisar, consulte o dicionário.**

A. "O **sulco** marcando as águas formava sua cauda; as espumas, seu **halo**."

- sulco: ____________________

- halo: ____________________

B. "Mas quando as lanternas das estrelas acendiam seu pisca-pisca mágico, e a lua, mãe da poesia e do mistério, **transbordava** das **trevas**, era o **delírio**."

- transbordar: ____________________

- trevas: ____________________

- delírio: ____________________

C. "De caniço em punho eu ficava ali, **adernando** o barco no silêncio [...]."

- adernar: ____________________

D. "E com que ternura eu ia **decifrando** o **enigma** das letras."

- decifrar: ____________________

- enigma: ____________________

E. "E o barco seguia sendo meu herói, porque era dele que **emanavam** todos esses encantos."

- emanar: ____________________

F. "As paisagens se transformavam em novos e fantásticos mundos, onde a vegetação **densa** e as montanhas me **intrigavam**."

- densa: ____________________

- intrigar: ____________________

G. "Desde que entrei nele pela primeira vez [...] que me apaixonei pelo seu **aconchego**."

- aconchego: ____________________

FAIFI/ARQUIVO DA EDITORA

2. **Assinale a alternativa mais adequada ao texto lido:**

A. ☐ Trata-se de um texto em que o narrador conta o que aconteceu em um dia específico de sua vida.

B. ☐ Trata-se de um texto em que o narrador descreve detalhadamente todos os locais importantes da vida dele.

C. ☐ Trata-se de um texto em que o narrador apresenta suas reflexões, sobre uma experiência vivida por ele.

D. ☐ Trata-se de um texto em que o narrador ensina a arte de navegar.

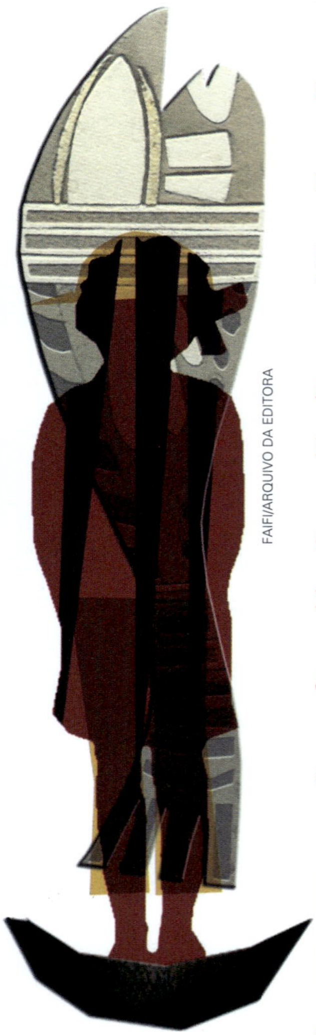

FAIFI/ARQUIVO DA EDITORA

3. **Assinale a(s) alternativa(s) correta(s).**

Pode-se dizer que a personagem:

A. ☐ não se mostra interessada em pilotar o barco.

B. ☐ sentia-se emocionada ao observar os elementos da natureza quando estava em seu barco.

C. ☐ sentia-se herói e bandido quando pescava.

D. ☐ quando comia o peixe, ficava triste por tê-lo pescado.

4. **Releia este trecho do texto prestando atenção à expressão destacada:**

Ah, como a vida era linda e transfigurada, através desse barco, rolando sobre **a imensa serpente do rio**!

Com essa expressão, o narrador do texto quis dizer que:

☐ o rio era muito grande e, além disso, fazia curvas como o corpo de uma serpente.

☐ havia uma serpente muito grande que vivia no rio.

5. **Além da personagem-narrador, outras personagens são mencionadas no texto.**

A. Quem são elas?

B. Sublinhe os trechos do texto em que essas personagens aparecem.

C. Releia a resposta que você deu ao item *A* e verifique se pretende alterá-la ou mantê-la, depois de ter sublinhado os trechos pedidos no item *B*.

6. Pode-se dizer que, em certos trechos, o barco é referido como se fosse uma pessoa, isto é, como se tivesse características humanas. Copie do texto um trecho que comprove essa afirmação.

7. Pode-se dizer também que, no texto, o barco adquire características mágicas aos olhos da menina. Copie um trecho que comprove essa afirmação.

8. A personagem não menciona a passagem do tempo, mas podemos perceber que ela cresceu do início para o fim do texto. Qual fato citado no texto comprova que ela cresceu?

Relato pessoal

É a exposição, oral ou escrita, de uma experiência vivida por uma pessoa ou personagem. Pode ser real ou ficcional – isto é, inventada, imaginada.

São exemplos de relato pessoal a autobiografia, o diário íntimo e o testemunho – ficcionais ou reais –, entre outros.

Nos relatos pessoais, a pessoa ou a personagem-narrador expressa suas impressões e reflexões sobre a experiência vivenciada.

O barco é um relato pessoal ficcional: nele a personagem nos conta, em linguagem poética, o que sentia e pensava quando menina navegando pela "imensa serpente do rio" em seu "berço flutuante", o barco.

FAIFI/ARQUIVO DA EDITORA

ILUSTRAÇÕES: FAIFI/ARQUIVO DA EDITORA

Práticas de linguagem

Vimos que *O barco* é o relato pessoal da personagem a respeito de algo a que atribuía muita importância: o barco.

Nos relatos pessoais, a presença do narrador no texto é bem marcada, pois ele transmite ao leitor suas impressões a respeito de algo ou alguém.

1. Sublinhe, nos trechos abaixo, os pronomes em primeira pessoa, que marcam a presença do narrador e são característicos dos relatos pessoais.

A. "Com a calça de brim e o boné para me proteger do sol, eu me sentia, empunhando o leme, uma verdadeira barqueira."

B. "E o barco seguia sendo meu herói, porque era dele que emanavam todos esses encantos."

C. "Minha cabeça era um remoinho de curiosidades a se iluminar de espanto."

D. "E meu grande sonho era dirigi-lo um dia, águas afora, sozinha com meu silêncio..."

E. "Falando comigo, nas frases e períodos."

F. "Desde que entrei nele pela primeira vez – era ainda pequena, e o pai nos levou para um passeio – que me apaixonei pelo seu aconchego."

2. Em *O barco*, o narrador usa várias metáforas: para caracterizar o barco, o céu, o mar, sua alfabetização, etc. Nas frases a seguir, sublinhe as metáforas, quando houver. Se necessário, reveja o que aprendeu na Unidade 5 a respeito desse recurso da língua.

A. "Que coisa linda, aquele berço flutuante balançando nas águas [...]!"

B. "O céu era o palácio das cores."

C. "Não foram poucas as travessias que fiz sob sua orientação, levando as mercadorias para o outro lado do rio."

D. "Sim, quando beirávamos os barrancos, o sopro do vento balançando as árvores era poema [...]."

E. "O sulco marcando as águas formava sua cauda; as espumas, seu halo."

3. **Siga o exemplo: dê mais expressividade à construção da frase por meio do uso da interjeição *ah* e do ponto de exclamação. Faça as adaptações necessárias.**

A vida era linda e transfigurada, através desse barco, rolando sobre a imensa serpente do rio.

***Ah**, como a vida era linda e transfigurada, através desse barco, rolando sobre a imensa serpente do rio!*

A. O peixe estava delicioso.

____

B. O barqueiro realizou uma façanha magnífica.

____

C. Foi emocionante aprender a ler.

____

D. O enigma das letras era fantástico.

____

E. A vida a bordo do barco era encantadora.

____

Conexão com História

Uma escrita "enrolada"

No final do texto 1, vimos que a personagem está entusiasmada com o aprendizado da leitura.

Hoje estamos acostumados com um sistema de escrita muito bem organizado, mas nem sempre foi assim.

A escrita antiga, grafada em papiro, não separava palavras, não diferenciava letras maiúsculas de minúsculas nem usava pontuação. Por isso é que os leitores antigos liam geralmente em voz alta: era mais fácil aos ouvidos que aos olhos "desembaralhar" essas linhas contínuas de palavras sem separação.

AKG-IMAGES/CDA/GUILLEMOT

Manuscritos da Bíblia grafados em papiro. Este documento histórico é do século II.

Vamos escrever com esquema

O relato pessoal é um gênero de texto difícil de ser esquematizado, porque surge sempre de impressões e sentimentos em relação a coisas, pessoas, acontecimentos, paisagens... De qualquer modo, aqui está um esquema para ajudá-lo. Vamos tentar?

Puxa, hoje foi um dia especial. É que aconteceu aquilo que eu mais esperava desde o início do ano: ____.

Para muita gente, isso pode não significar nada, mas para mim foi uma emoção e tanto! Eu só havia me sentido tão realizado(a) como hoje quando ____.

Ontem à noite, alguma coisa me dizia que este seria um grande dia. Eu estava ____.

Até sonhei que ____.

Porém, quando acordei, confesso que tive medo de ____;

mas, quando eu já estava perdendo as esperanças de ____,

o "milagre" aconteceu e ____.

Vamos conversar

Faça como no relato de *O barco*: pense em algo que tenha uma importância especial para você. Em grupo,

- conte aos colegas do que se trata: de um animal de estimação? De um lugar (um canto de sua casa, um banco do jardim, uma área da escola...)? De um objeto (um jogo, uma bola, um presente de alguém querido...)? De uma planta? De outra coisa? O quê?;
- descreva como você vê esse "algo";
- relate alguma situação que revele a importância desse "algo" em sua vida.

Vamos **escrever**

Agora, você vai transformar num texto escrito o relato oral que fez a seus colegas de grupo na seção **Vamos conversar**.

- Apresente o animal, lugar, objeto, etc. escolhido. Descreva-o tal como você o vê, isto é, expressando o apreço que tem por ele e explicando as razões desse apreço.
- Narre uma situação vivida por você que demonstre a importância do "algo" escolhido.

FAIFI/ARQUIVO DA EDITORA

VAMOS LER 2

O escritor **Ivan Angelo** nasceu em 1936, no estado de Minas Gerais. Publicou seu primeiro livro com 23 anos de idade e com ele conquistou o prêmio Cidade de Belo Horizonte. Mudou-se para São Paulo em 1965. Nessa época sua produção literária diminuiu devido à ditadura militar implantada no Brasil em abril de 1964. Por isso seu romance *A festa*, iniciado em 1963, só foi concluído em 1975. Publicado no ano seguinte, conquistou o prêmio Jabuti. Ivan é também um bem-sucedido jornalista e cronista.

Lanterna *mágica*

NO TEXTO QUE VOCÊ VAI LER A SEGUIR, UMA LANTERNA GANHA O PODER DE ILUMINAR MUITO MAIS DO QUE SE IMAGINA...

Vi na televisão um menininho pobre de uma creche uivando de alegria ao escarafunchar um engradado com os presentes do Dia da Criança. Eram pequenas tralhas de plástico e caixas de ovos coloridas, vazias. O pouquíssimo era motivo para incontida e ruidosa alegria. A privação é a medida do desejo de cada um, na vida.

Houve um tempo em que as oportunidades de presente resumiam-se a duas: aniversário e Natal. Hoje, na classe média, o presente é um evento mensal; em algumas famílias, semanal. Cada voltinha num *shopping* resulta num pequeno agrado. Não se deseja mais com aquela gana, porque sabe-se que alguma coisa virá. O desejo dos meninos, da classe média para cima, é impreciso, vago, incapaz de provocar uivos de alegria quando satisfeito.

Já vivi minhas privações. Nunca pude ter bicicleta, por exemplo, nem bola de futebol, nem espingarda de rolha. Tivemos, eu e meus irmãos mais velhos, simulacros: revolverzinho de espoleta, bola de borracha, triciclo comunitário. Bolas de borracha, sabe-se, não formam craques. Triciclos não permitem ousadias ou temeridades. Talvez por isso, sem traquejo, eu tenha sido um perna de pau e um tímido. Quem sabe.

Espingarda de rolha pude usar, por empréstimo, a de um primo, quando pas-

simulacro: imitação, arremedo.

espoleta: fita de papel com depósitos de pólvora, usada nos antigos revólveres de brinquedo.

niquelado: banhado com uma camada de níquel, para ficar com aspecto prateado.

quixotar: verbo inventado pelo autor, a partir do nome próprio Dom Quixote (veja quadro na página 136).

sava férias na casa de meu avô. Fiquei bom de tiro. Comecei acertando caixinhas de fósforos, acabei acertando moscas. A rolha era leve demais, desviava-se, então aprendi o truque de enfiar nela um prego curto, para dar peso e rumo. Bola de couro só mais tarde, no campinho da fazenda de seu Juca, hoje Cidade Nova, em Belo Horizonte.

Entretanto, o que se tornou para mim algo mais perto de uma maravilha foi uma lanterna de pilhas. Nunca tinha visto uma, a não ser no cinema e nas histórias em quadrinhos. Não sei, talvez considerasse aquele objeto coisa de ficção científica, não da realidade. Quando vi uma, manipulada por meu primo mais velho, já homem, o Zezé, na mesma casa de meu avô, foi um deslumbramento. Brilhava, niquelada, era uma daquelas de quatro pilhas. Deixar que eu a tomasse nas mãos, e acendesse, e dirigisse a luz para onde quisesse foi mágico. A partir desse momento nada superou, nos meus sete anos, a beleza do meu facho de luz. E o poder. Mesmo quando meu primo não estava eu me apoderava da lanterna e quixotava, cavaleiro andante.

Deitado, à noite, com a lanterna dissipava fantasmas. Nos cantos, sombras revelavam-se objetos ou cavidades. Uma súbita lagartixa era imobilizada no teto de taquaras e meditava talvez sobre qual seria sua ação mais prudente. O pernilongo era localizado na parede, motores parados de repente.

Uma coisa era outra coisa na luz que a si mesma se desenhava em cone.

A neblina perdia sua amplidão impalpável, aquele nada que não se podia não ver. Aquela coisa comedora de contornos. A lanterna cortava uma talhada de neblina, via-se claramente do que ela não era feita. A luz não ia além, mas até onde ia desnudava a coisa, e via-se que era móvel.

A chuva noturna não era só, não era mais, barulho nas telhas, nas folhas. No facho de luz da lanterna as gotas de chuva eram cintilações, estrelas cadentes, vaga-lumes.

A coruja não se atrevia a piar: emudecia e olhava de perfil.

Bichinhos de asa — se o canudo de luz se demorava — vinham dançar, perdiam aquela chatice deles, aquela mania de pousar na gente.

O sapo esbarrava seu passeio noturno, como se dissesse epa, que sol é esse?

O poço, mesmo de dia, perdia o mistério. A luz furava a água cristalina e mostrava o fundo, alguma folha, paz. Uma pedrinha resvalava e a paz lá no embaixo se multipartia em tremulações luminosas, vibrações.

Partes do corpo, no escuro, atravessadas pela luz, mostravam um vermelho de abóbora. Nos dedos era possível pressentir o esqueleto. Na bochecha, frente ao espelho, viam-se veiazinhas.

O céu negro da noite engolia a luz, era o único a vencê-la.

ANGELO, Ivan. *O comprador de aventuras e outras crônicas*. São Paulo: Ática, 2000. v. 28, p. 36-8. (Col. Para Gostar de Ler).

FAIFI/ARQUIVO DA EDITORA

Lanterninha

Na França, o último vagão dos trens era iluminado por uma luz vermelha, para indicar que o trem acabava ali. Os franceses passaram a chamar o último colocado numa competição de *lanterna vermelha*, por analogia com o último vagão dos trens. No Brasil, usa-se simplesmente *lanterna* ou *lanterninha*.

FAIFI/ARQUIVO DA EDITORA

Vamos **entender** o texto

1. O texto *Lanterna mágica* pode ser considerado um relato pessoal. Justifique essa afirmação.

2. O ponto de partida do texto é uma cena à qual o narrador assistiu na TV.

A. Que cena foi essa?

B. Depois de assistir a essa cena, o narrador faz algumas reflexões a respeito da relação das crianças de diferentes classes sociais com os presentes que ganham. Resuma, em poucas palavras, o conteúdo dessas reflexões.

C. Você concorda com o narrador? Explique.

3. No terceiro e no quarto parágrafos, o narrador conta suas experiências com brinquedos na infância. Assinale a(s) alternativa(s) que se adéquam ao texto:

A. ☐ O narrador era um menino mimado, que ganhava todos os presentes que desejava.

B. ☐ Provavelmente o narrador não menciona jogos eletrônicos porque, na época em que ele era criança, eles praticamente não existiam.

C. ☐ O narrador era filho único.

D. ☐ O narrador tornou-se um bom jogador de futebol praticando com uma bola de borracha.

E. ☐ Na época em que o narrador era criança, revolverzinhos de espoleta ainda não eram proibidos por lei, apesar de perigosos.

F. ☐ Todas as lembranças do narrador se passam em sua casa.

FAIFI/ARQUIVO DA EDITORA

4. A partir do quinto parágrafo, o narrador passa a contar suas lembranças e impressões a respeito de um objeto em particular: uma lanterna.

A. Transcreva um trecho em que o narrador revela que a lanterna foi o "brinquedo" que mais o fascinou na infância.

B. O narrador diz que, até pegar nas mãos a lanterna, "talvez considerasse aquele objeto coisa de ficção científica, não da realidade". O que você acha que ele quis dizer com isso? Explique nas linhas abaixo.

____

____

____

5. **Em certa passagem do texto, o narrador diz que a lanterna "dissipava fantasmas". Levando isso em conta, responda:**

A. Segundo o texto, o que acontecia com as sombras, nos cantos, à noite?

____

B. E o "mistério" do poço, o que mostrava, ao ser iluminado pela lanterna?

____

____

C. E quanto às partes do corpo do narrador, como elas "se transformavam" devido ao facho de luz?

____

____

____

6. **Complete o quadro indicando como cada animal reagia ao ser iluminado pela luz da lanterna:**

ANIMAL	REAÇÃO
lagartixa	
pernilongo	
coruja	
bichinhos de asa	
sapo	

7. **A luz da lanterna só era vencida por um elemento da natureza. Que elemento era esse?**

____

Conexão com Literatura

Dom Quixote e Sancho Pança

PHILIP LANGE/SHUTTERSTOCK/GLOW IMAGES

Dom Quixote e Sancho Pança, Praça Espanha, Madri.

Você viu que, em *Lanterna mágica*, o verbo *quixotar* foi criado por Ivan Angelo a partir do nome próprio *Dom Quixote*.

Dom Quixote é o protagonista do livro *Dom Quixote de La Mancha*, escrito pelo espanhol Miguel de Cervantes no século XVII. Essa famosa personagem é um nobre empobrecido que, subitamente, resolve tornar-se cavaleiro andante, para promover a defesa da justiça e dos nobres ideais. Ajudado por seu fiel escudeiro, Sancho Pança, parte em viagem para lutar por esses ideais.

Quixote é um homem ingênuo e sonhador, que ataca um moinho de vento por confundi-lo com um gigante, e declara seu amor a uma camponesa tomando-a por uma dama da aristocracia.

Sancho Pança, ao contrário, está sempre tentando apontar para o patrão a dimensão prática das coisas: para ele, um moinho é apenas um moinho, e uma camponesa, uma camponesa.

Vamos relacionar os textos

1. Complete as lacunas com uma das palavras entre parênteses.

A. Tanto *O barco* quanto *A lanterna mágica* podem ser considerados relatos pessoais ______________ (ficcionais / reais), pois o narrador é uma personagem.

B. Tanto em *O barco* quanto em *A lanterna mágica*, a personagem-narrador mostra-se ______________ (decepcionada / encantada) por algo – respectivamente, um barco e uma lanterna – e busca partilhar com seus leitores ______________ (suas recordações / seus projetos) em relação a esse objeto.

2. Com qual dos dois textos você "viajou" mais, isto é, com qual dos dois conseguiu "enxergar" melhor o centro das atenções de cada narrador, o barco e a lanterna, respectivamente? Por quê?

____

____

____

____

____

3. Depois de responder à questão anterior, converse com seus colegas para conferir quantos escolheram o mesmo texto que você e se os argumentos que usaram para justificar a resposta são semelhantes aos seus.

Práticas de **linguagem**

1. Releia este trecho do texto:

Tivemos, eu e meus irmãos mais velhos, simulacros: revolverzinho de espoleta, bola de borracha, triciclo comunitário. Bolas de borracha, sabe-se, não formam craques. Triciclos não permitem ousadias ou temeridades. Talvez por **isso**, sem traquejo, eu tenha sido um perna de pau e um tímido. [...]

Note que a palavra destacada, **isso** – um pronome demonstrativo –, refere-se a algo que foi mencionado **antes**, no texto: que bolas de borracha "não formam craques" e que triciclos "não permitem ousadias ou temeridades".

Veja como ficaria essa mesma frase, caso a ordem das informações fosse invertida:

Fui um perna de pau e um tímido talvez por **isto**: bolas de borracha não formam craques e triciclos não permitem ousadias ou temeridades.

Siga o exemplo: nas frases abaixo, troque isso por isto (ou vice-versa) e faça as alterações necessárias.

Detesto cozinhar. Por **isso** meus pratos em geral não saem saborosos.

Meus pratos em geral não saem saborosos por **isto**: *detesto cozinhar.*

A. Quero deixar **isto** bem claro: enquanto não saírem os resultados da prova, não vou parar de estudar.

B. O celular tinha caído no chão e, por **isso**, estava todo arranhado, embora ainda funcionasse.

C. Todas as nossas atenções estavam voltadas para **isto**: a chegada de Velina.

D. Francisco e Joanita eram os únicos bebês da família, além de serem muito bonzinhos e engraçadinhos. Provavelmente por causa **disso**, nós, que já éramos adolescentes, não nos cansávamos de tomar conta deles.

E. Não posso me esquecer **disto**: devolver sem falta o livro de Matemática a Juliano.

2. Em algumas passagens do texto, o narrador se refere a seres inanimados conferindo a eles atitudes humanas. A esse recurso da língua dá-se o nome de **prosopopeia**. Veja um exemplo:

O céu negro da noite **engolia** a luz, era o **único** a **vencê**-la.

Nesse trecho, os verbos *engolir* e *vencer* têm essa função. Nas frases a seguir, sublinhe as palavras e expressões que "tornam humanos" os bichos iluminados pela lanterna.

A. "Uma súbita lagartixa era imobilizada no teto de taquaras e meditava talvez sobre qual seria sua ação mais prudente."

B. "Bichinhos de asa – se o canudo de luz se demorava – vinham dançar, perdiam aquela chatice deles, aquela mania de pousar na gente."

C. "A coruja não se atrevia a piar: emudecia e olhava de perfil."

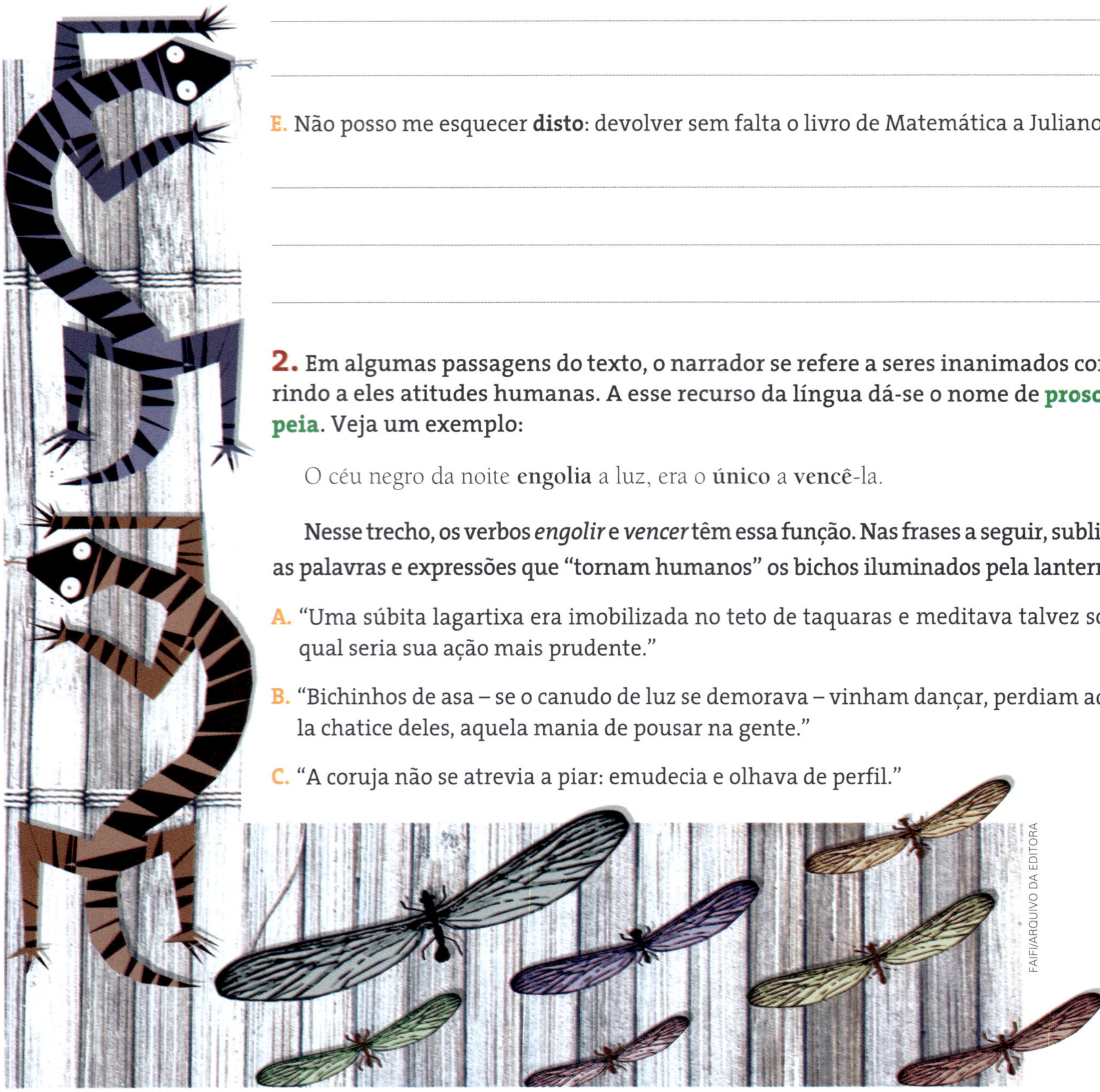

FAIFI/ARQUIVO DA EDITORA

3. Faça como no texto *Lanterna mágica*: junto com um colega, "humanizem" os objetos e animais das frases dadas. Use o(s) termo(s) entre parênteses.

A. O velho relógio batia as horas. (sussurrar / anunciar a passagem de)

B. Aquela foto mostrava o passeio que tínhamos feito em junho. (contar toda a história de / denunciar o secreto)

C. O gato faminto miava diante do pacote fechado de ração. (rezar / sonhar acordado)

4. Identifique o sujeito dos verbos em destaque nas seguintes frases retiradas do texto:

A. Não **se deseja** mais com aquela gana, porque **sabe-se** que alguma coisa virá.

B. [A lanterna] **se tornou** para mim algo mais perto de uma maravilha.

C. [...] **via-se** claramente do que ela não era feita.

A partícula **se** pode exercer diferentes funções na frase. Pode ser, por exemplo:

- **PRONOME REFLEXIVO** (= a si mesmo, a si próprio) e ter a função de objeto direto:

  "[...] a paz lá no embaixo **se** multipartia [...]" (= multipartia a si mesma).

- **ÍNDICE DE INDETERMINAÇÃO DO SUJEITO** (quando, colocada junto do verbo na terceira pessoa do singular, faz com que não seja possível determinar quem é ou quais são os elementos a que o predicado se refere):

  Antigamente, brincava-**se** com qualquer coisa. (Não é possível identificar quem brincava.)

5. Releia a frase que inicia o texto *Lanterna mágica*:

Vi na televisão um **menininho** pobre de uma creche uivando de alegria...

Observe que o uso do diminutivo em *menininho*, além de indicar tamanho pequeno, acrescenta à palavra um sentido de fragilidade.

Também é possível associar ao diminutivo a ideia de pouca importância:

Cada **voltinha** num *shopping* resulta num pequeno agrado.

Explique o significado expresso pelo diminutivo nas frases:

A. "Comecei acertando caixinhas de fósforos, acabei acertando moscas."

B. "Bichinhos de asa – se o canudo de luz se demorava – vinham dançar, perdiam aquela chatice deles, aquela mania de pousar na gente."

C. "Uma pedrinha resvalava e a paz lá no embaixo se multipartia em tremulações luminosas, vibrações."

D. "Na bochecha, frente ao espelho, viam-se veiazinhas."

Ortografia
Uso de X e CH

1. Leia as palavras abaixo:

caixa	peixe	frouxo

A. Nessas palavras, **ai**, **ei**, **ou** são ditongos. O que você pode concluir a respeito do uso do **x** ou **ch**?

B. Pesquise outras palavras que se encaixam nessa regra do uso do **x**.

2. Agora observe:

enxergar	enxaqueca	enxoval

Como você escreveria a regra para o uso do **x** nesse caso?

____

3. Complete as palavras abaixo:

A. en ____ aguar

B. en ____ ame

C. en ____ erido

D. en ____ ertar

E. en ____ ofre

F. en ____ otar

G. en ____ ugar

H. en ____ urrada

ATENÇÃO: **Enchente**, **encher** e **enchimento** derivam de **cheio** e por isso mantêm o **ch** da palavra primitiva. É o caso também de:
charco ⟶ encharcar,
chouriço ⟶ enchouriçar

FAIFI/ARQUIVO DA EDITORA

Uso de Z e S

1. Podemos transformar alguns substantivos e adjetivos em verbos acrescentando a terminação *-izar*:

final ⟶ **finalizar**

Faça a mesma transformação nestes substantivos e adjetivos.

A. civil ____________

B. total ____________

C. canal ____________

D. útil ____________

E. real ____________

F. formal ____________

G. legal ____________

2. Outros substantivos e adjetivos são transformados em verbos segundo este modelo:

análise ⟶ **analisar**

Faça o mesmo tipo de transformação nas palavras a seguir.

A. paralisia ____________

B. improviso ____________

C. pesquisa ____________

D. revisão ____________

E. liso ____________

F. preciso ____________

G. aviso ____________

H. reprise ____________

Usando o dicionário

Há palavras que são semelhantes na escrita e na pronúncia mas têm significados diferentes. São chamadas de **parônimas**.

Consulte um dicionário e complete corretamente as frases abaixo, usando as palavras entre parênteses.

A. O percurso da maratona era ______________________.
O pai já havia ______________________ a promessa. (comprido, cumprido)

B. O ______________________ do carro custou caro.
Já comprei os ingressos para o ______________________. (concerto, conserto)

C. Os brasileiros que vão morar no exterior são ______________________.
Os italianos que vêm morar no Brasil são ______________________.
(emigrantes, imigrantes)

D. O ______________________ da sala é de dez metros.
O ______________________ do patrão animou os funcionários.
(comprimento, cumprimento)

E. Com todos esses exercícios, o jogador vai ______________________ bastante.
Vai ______________________ o sinal para o intervalo. (soar, suar)

F. A presença dos palhaços serviu para ______________________ as crianças doentes.
Durante as aulas de redação, os alunos vão ______________________ a história que ouviram. (recrear, recriar)

G. O oftalmologista ______________________ minhas pupilas.
O soldado revoltado ______________________ o companheiro. (delatou, dilatou)

H. O garoto vai ______________________ para procurar pedrinhas no fundo do rio.
O garoto mergulhou e agora vai ______________________. (emergir, imergir)

I. A ______________________ que Leo fez foi muito apreciada pela classe.
A ______________________ de dona Lúcia é mesmo uma virtude. (descrição, discrição)

J. Leila de vez em quando ______________________ as pálpebras e cochilava.
O pai de Lia, com muito vigor, ______________________ a madeira. (cerrava, serrava)

K. Acabaram de ______________________ o mandato daquele deputado.
Com as novas leis de proteção aos animais, pararam de ______________________ em nosso país. (caçar, cassar)

L. A ______________________ onde ficou o perigoso prisioneiro oferecia bastante segurança.
Acabamos de pôr a ______________________ no cavalo. (cela, sela)

Ampliando horizontes

Leia esta tirinha da Mafalda e depois responda às questões.

JOAQUÍN SALVADOR LAVADO (QUINO)/ACERVO DO ARTISTA

QUINO. *Mafalda*. São Paulo: Martins Fontes, 1993.

Converse com seus colegas.

1. Essa tirinha pode ser considerada um exemplo de relato pessoal? Explique.

2. Troque ideias com seus colegas sobre o último quadrinho: tentem explicar o efeito de sentido – e de humor – criado pelo autor.

3. Você achou a tira engraçada? Por quê?

Vamos escrever

Observe as seguintes fotos:

IGOR JANDRIC/SHUTTERSTOCK/GLOW IMAGES

WILLIAM CASEY/SHUTTERSTOCK/GLOW IMAGES

Escolha uma delas e, depois de observar detalhadamente a que você escolheu, prepare-se para escrever um relato pessoal ficcional inspirado nela.

- Imagine que você é a pessoa que aparece na foto escolhida: ela vai ser o narrador de seu texto. Preste atenção em suas roupas e fisionomia, no lugar retratado na foto... Tudo isso será importante para que sua personagem seja convincente.
- Como se trata de um relato pessoal, você vai escrever em primeira pessoa, "encarnando" a personagem da foto.
- Agora você vai relatar a seu leitor que o objeto / animal tem muita importância para você, ou melhor, para seu narrador-personagem.
- Descreva o objeto / animal. Use metáforas, "humanize-o" por meio de prosopopeias, revelando, assim, a relação especial que existe entre vocês.
- Imagine e conte uma situação que seu narrador-personagem viveu na companhia do objeto / animal. Essa situação deverá ilustrar a importância que ele tem para você.
- Dê um título a seu texto "homenageando" seu "amigo": o objeto / animal.

Auto-avaliação e reescrita

Agora você vai reler e reescrever seu texto. Baseie-se nos itens do quadro abaixo para fazê-lo.

sim	não	
☐	☐	O narrador de seu relato pessoal é a personagem da foto?
☐	☐	Você usou a primeira pessoa para falar "em nome" desse narrador-personagem?
☐	☐	Você descreveu o objeto / animal de forma a mostrar ao leitor que ele tem importância especial para seu narrador-personagem? Usou metáforas e prosopopeias?
☐	☐	Você narrou uma ou mais situações na qual o narrador-personagem e o objeto / animal atuam juntos e que ilustram a força da relação entre eles?
☐	☐	Você deu um título para seu texto? Ele "combina" com o relato?

Antes de reescrever seu texto, passe-o a um colega que tenha escolhido a mesma foto que você e peça-lhe que comente seu relato pessoal ficcional, levando em conta os pontos do quadro acima. Faça o mesmo com o texto dele. Em seguida, reescreva seu texto, corrigindo e ajustando os pontos necessários. Finalmente, passe seu texto a limpo e entregue-o ao professor.

Unidade **8**

NOTÍCIA E REPORTAGEM: O RELATO DE FATOS REAIS

- **FOCO:** o relato de fatos e acontecimentos reais.
- **GÊNEROS:** notícia e reportagem.
- **PRÁTICAS DE LINGUAGEM:** meio, meia, menos; por que, por quê, porque e porquê; orações reduzidas; verbos de dizer; adjetivos pátrios; locuções adverbiais.

VAMOS LER 1

O texto que você vai ler a seguir foi publicado no *Diário de Natal*, um jornal regional: ele circula basicamente no estado do Rio Grande do Norte. Como muitas publicações atuais, o *Diário de Natal* tem também uma versão *on-line*.

Caminhão-câmera clica paisagens da cidade

SERÁ QUE É POSSÍVEL VIAJAR DENTRO DE UMA MÁQUINA FOTOGRÁFICA? É O QUE VOCÊ VAI DESCOBRIR AGORA...

EVANDRO LUIZ/ARQUIVO DA EDITORA

Natal, RN
23 de janeiro de 2008

A paisagem potiguar será captada nos próximos dois dias pela maior câmera fotográfica móvel do mundo: um caminhão-baú com sete metros de comprimento, uma verdadeira casa sobre rodas que percorre o Brasil desde Monte Roraima até Foz do Iguaçu, totalizando 25 mil quilômetros de viagem. Os lugares fotografados no Rio Grande do Norte ainda serão definidos.

A ideia é do fotógrafo português Mica Costa-Grande, que é acompanhado no projeto "Brasil pelo buraco da agulha" pela sua mulher, a jornalista Sofia Salgado, e seus dois filhos.

A família deve chegar hoje à tarde a Natal e começar amanhã sua expedição potiguar. O casal tem planos de mostrar as fotos em exposições no exterior e de editar um livro fotográfico com as imagens panorâmicas.

enigmático: misterioso, indecifrável.

Os papéis das fotos têm a dimensão de 3,7 m por 1,27 m. "Não há nada de enigmático no processo. O que tem de diferente é o tamanho da câmera e a sua mobilidade", diz Salgado. Feitas as imagens, o material é enviado o mais rápido possível para São Paulo, onde é feito o tratamento das imagens.

Os lugares que poderão ser registrados por Costa-Grande são os seguintes: o mirante da av. Café Filho (em frente ao Tribunal de Contas do Estado); a Redinha; o Centro de Convenções; Areia Preta, ao lado do restaurante Tábua de Carne, com o orifício da "câmera" voltado para as dunas da Redinha; por último, a praia de Pirangi.

Adaptado de: LISBOA, Renato. 23 jan. 2008. Disponível em: <http://canindesoares.com/2008/01/23/caminhao-camara-clica-paisagens-da-cidade>. (Acesso em 28 abr. 2011).

Notícia

Notícia é um texto cuja função é transmitir uma informação considerada relevante ao público de um jornal, revista, *site*, rádio, televisão, etc. Costuma-se dizer que toda notícia deve responder às seguintes perguntas:

O QUÊ?	QUEM?	ONDE?	QUANDO?	POR QUÊ?
o fato ocorrido	pessoa ou pessoas envolvidas	lugar em que ocorreu o fato	data ou momento da ocorrência do fato	a motivação da ocorrência do fato

Vamos **entender** o texto

1. *Caminhão-câmera clica paisagens da cidade* é uma **notícia**. Releia o texto procurando informações que respondam às perguntas a seguir:

A. **O que** a notícia relata?

B. **Quem** são as pessoas envolvidas no fato noticiado?

C. **Onde** aconteceu ou acontecerá o fato?

D. **Quando** aconteceu ou acontecerá o fato?

E. **Por que** aconteceu ou acontecerá o fato?

2. No título da notícia está presente o verbo clicar.

A. Qual o sentido desse verbo no contexto do título?

B. Observe esta frase, retirada de um *site*: "Para saber mais sobre a programação de nossa emissora de televisão, **clique** aqui". Nela, o verbo *clicar* tem o mesmo sentido que tem no título da notícia? Se não, que sentido é esse? Consulte o dicionário, se necessário.

C. O verbo *clicar* vem do substantivo *clique* (do inglês *click*), que é uma onomatopeia: procura reproduzir um ruído curto e leve. Baseando-se nessa informação, responda: nos dois contextos em que o verbo *clicar* foi usado nos itens acima, o que faz esse "ruído curto e leve"?

EVANDRO LUIZ/ARQUIVO DA EDITORA

EVANDRO LUIZ/ARQUIVO DA EDITORA

3. A notícia foi extraída de um jornal que circula principalmente no estado do Rio Grande do Norte e, particularmente, em Natal. Copie trechos do texto que revelem essa circunstância.

4. Você acha que essa notícia tem interesse para pessoas que não vivem no Rio Grande do Norte? Por quê?

Práticas de linguagem

1. Logo no primeiro parágrafo do texto, lemos: "A paisagem **potiguar** será captada nos próximos dois dias". A palavra **potiguar** é um adjetivo pátrio ou gentílico: diz respeito ao lugar de origem daquele (ou daquilo) a que se refere. Assim, quem nasce no estado do Rio Grande do Norte é chamado de potiguar. Com a ajuda de um dicionário, complete as frases abaixo:

A. Quem nasce ______ é fluminense,

e quem nasce ______ é carioca.

B. Quem nasce ______ é gaúcho.

C. Quem nasce ______ é capixaba.

D. Quem nasce ______ é soteropolitano.

E. Quem nasce ______ é paulista,

e quem nasce ______ é paulistano.

2. Ainda com a ajuda de um dicionário, verifique quais dos adjetivos pátrios ou gentílicos mencionados na atividade anterior têm variantes.

3. Siga o exemplo: transforme em pequenas notícias as informações dadas.

INFORMAÇÕES:

- QUEM: o presidente do clube de futebol;
- O QUÊ: multou um jogador;
- ONDE: em Maceió;
- QUANDO: ontem;
- POR QUÊ: o jogador faltou ao primeiro treino do ano.

Maceió: Ontem, o presidente do clube de futebol multou um jogador que faltou ao primeiro treino do ano.

A. **Onde**: em Belo Horizonte; **quem**: a cantora baiana Lídia Lola; **o quê**: uma turnê por várias cidades do Sudeste; **quando**: no próximo mês; **por quê**: seus fãs do Sudeste solicitaram.

B. **Onde**: no município de Mariópolis; **quem**: o catador Fausto Albuquerque; **o quê**: a entrega à prefeitura de cartas de 1754 – encontradas no lixo – endereçadas a uma mulher de nome Filomena e assinadas simplesmente "sua mãe"; **quando**: nesta manhã; **por quê**: para preservar esse documento histórico do século XVIII.

C. **Onde**: na favela de Tourinhos; **quem**: a diretora da escola municipal; **o quê**: realização de um festival de artes; **quando**: no próximo fim de semana; **por quê**: dar oportunidade aos artistas da comunidade.

D. **Onde**: em Estocolmo; **quem**: o banqueiro bengalês Muhammad Yunus; **quando**: na última sexta-feira; **o quê**: ganhou o Prêmio Nobel da Paz; **por quê**: criou um banco que concede microempréstimos aos mais pobres.

Conexão com História

O mais antigo jornal da América Latina é o *Diário de Pernambuco*: foi fundado a 7 de novembro de 1825. Veja, abaixo, o texto que foi publicado na primeira página de seu primeiro número.

Faltando nesta cidade assaz populosa um Diário de Anúncios, por meio do qual se facilitassem as transações e se comunicassem ao público notícias que a cada um em particular podem interessar, o administrador da Tipografia de Miranda e Companhia se propôs a publicar todos os dias da semana – exceto aos domingos, somente – o presente Diário, no qual, debaixo dos títulos Compras - Vendas - Leilões - Aluguéis - Arrendamentos - Aforamento - Roubos - Perdas - Achados - Fugidas e Apreensões de escravos - Viagens - Afretamentos – Amas de leite, etc., tudo quanto disser respeito a tais artigos [será impresso]; para o que tem convidado a todas as pessoas que houverem de fazer estes ou outros quaisquer anúncios a os levarem à mesma Tipografia, que lhes serão impressos grátis, devendo ir assinados.

Também se publicarão todos os dias as entradas e saídas das embarcações do dia antecedente, portos de onde vieram, dias de viagem, passageiros, cargas e notícias que trouxerem. [...]

Disponível em: <http://pt.wikipedia.org/wiki/Imagem:DP_numero1.jpg>. (Acesso em 28 abr. 2011).

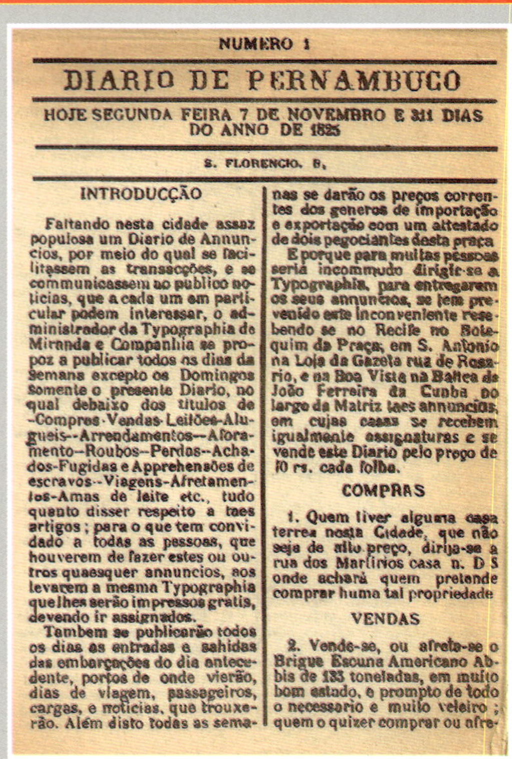

NUMERO 1

DIARIO DE PERNAMBUCO

HOJE SEGUNDA FEIRA 7 DE NOVEMBRO E 311 DIAS DO ANNO DE 1825

S. FLORENCIO. B.

INTRODUCÇÃO

Faltando nesta cidade assaz populosa um Diario de Annuncios, por meio do qual se facilitassem as transacções, e se communicassem ao publico noticias, que a cada um em particular podem interessar, o administrador da Typographia de Miranda e Companhia se propoz a publicar todos os dias da semana excepto os Domingos somente o presente Diario, no qual debaixo dos titulos de -Compras-Vendas-Leilões-Alugueis--Arrendamentos--Aforamento--Roubos--Perdas--Achados-Fugidas e Apprehensões de escravos--Viagens-Afretamentos-Amas de leite etc., tudo quanto disser respeito a taes artigos; para o que tem convidado a todas as pessoas, que houverem de fazer estes ou outros quaesquer annuncios, aos levarem a mesma Typographia quelhes serão impressos gratis, devendo ir assignados.

Tambem se publicarão todos os dias as entradas e sahidas das embarcações do dia antecedente, portos de onde vierão, dias de viagem, passageiros, cargas, e noticias, que trouxerão. Além disto todas as semanas se darão os preços correntes dos generos de importação e exportação com um attestado de dois negociantes desta praça

E porque para muitas pessoas seria incommudo dirigir-se a Typographia, para entregarem os seus annuncios, se tem prevenido este inconveniente recebendo se no Recife no Botequim da Praça; em S. Antonio na Loja da Gazeta rua de Rosario, e na Boa Vista na Botica de João Ferreira da Cunha no largo da Matriz taes annuncios, em cujas casas se recebem igualmente assignaturas e se vende este Diario pelo preço de 10 rs. cada folha.

COMPRAS

1. Quem tiver alguma casa terrea nesta Cidade, que não seja de alto preço, dirija-se a rua dos Martirios casa n. D S onde achará quem pretende comprar huma tal propriedade

VENDAS

2. Vende-se, ou afreta-se o Brigue Escuna Americano Abbis de 133 toneladas, em muito bom estado, e prompto de todo o necessario e muito veleiro; quem o quizer comprar ou afre-

DIÁRIO DE PERNAMBUCO/ARQUIVO DA EDITORA

Primeira página da edição de número 1 do *Diário de Pernambuco*.

Práticas de linguagem

1. Leia as informações do quadro para fazer a atividade que o segue.

MEIO/MEIA/MENOS

Quando devemos usar *meio* e quando usar *meia*? Para respondermos a essa pergunta precisamos conhecer a função que essa palavra desempenha numa frase. Ela pode ser:

1. Advérbio (portanto será invariável) e significa "um pouco":

A viagem da família de Mica Costa-Grande e Sofia Salgado é **meio** cansativa.

Eles estão **meio** tristes.

Elas estão **meio** tristes.

2. Numeral, significando "metade de um(a)". Deve, portanto, concordar com o substantivo que o acompanha:

Comi **meia** maçã. (metade de uma maçã)

Comi **meio** mamão. (metade de um mamão)

3. Substantivo feminino, designando peça do vestuário e podendo ser usada no singular ou no plural:

Como é que fui rasgar minha **meia**? (peça do vestuário)

Menos pode ser um advérbio ou um pronome indefinido. Nos dois casos é palavra invariável, só possui uma forma para ser usada diante de palavras femininas, masculinas, no singular ou no plural.

Carlos estava **menos** triste. (advérbio)

Havia **menos** pessoas na sala. (pronome indefinido)

Menos carros na rua, **menos** poluição no ar. (pronome indefinido)

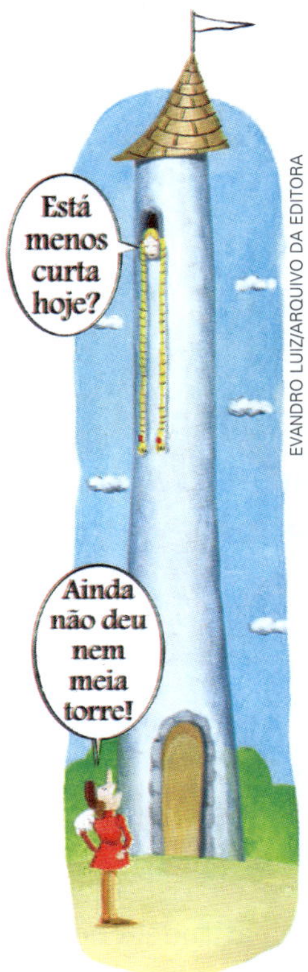

EVANDRO LUIZ/ARQUIVO DA EDITORA

Complete as frases com *meio*, *meia* ou *menos*:

A. Ele consumiu uma lata e ______ de refrigerante.

B. Há ______ meninas no pátio hoje.

C. Havia ______ jogadores no clube ontem.

D. Ana parecia ______ triste naquele dia.

E. A ______ de lã de Marcelo está malcheirosa.

F. Já passa de meio-dia e ______.

G. Era um trabalho ______ cansativo.

H. As meninas ficaram ______ surpresas com as notas da prova.

I. As pessoas otimistas são ______ tímidas.

2. Antes de fazer as próximas atividades, leia o quadro a seguir.

POR QUE, POR QUÊ, PORQUE OU PORQUÊ?

1. Usamos *por que*:

A. nas interrogativas diretas e indiretas.

Por que você veio mais cedo? (interrogativa direta)

Gostaria de saber **por que** você veio mais cedo. (interrogativa indireta)

(Observe que na interrogativa indireta não há ponto de interrogação.)

B. para substituir *pelo(a) qual*, *pelos(as) quais*, *por qual* e *por quais*.

As tristezas **por que** a viúva passou foram muitas. (= pelas quais)

2. Usamos *por quê* no final das interrogativas diretas e indiretas.

Você veio mais cedo. **Por quê?** (interrogativa direta)

Você veio mais cedo **por quê?** (interrogativa direta)

Você veio mais cedo. Diga-me **por quê**. (interrogativa indireta)

3. Usamos *porque* em respostas ou explicações.

Eu cheguei mais cedo **porque** precisava acertar umas coisinhas.

4. Usamos *porquê* quando significa "o motivo", "a razão". Funciona, portanto, como um substantivo e vem sempre precedido de artigo: *o*, *os*, *um*, *uns*.

Gosto de saber o **porquê** de tudo na vida.

A. Complete as frases com: *porque*, *porquê*, *por que* ou *por quê*:

— Manelito, ____________ você resolveu ficar até tão tarde na rua?

— Ih, Lúcio! Nem eu mesmo sei o ____________ dessa minha atitude. Você está preocupado ____________?

— Estou preocupado ____________ acho que você está querendo fugir de certas responsabilidades.

— Não sei ____________ eu fugiria de responsabilidades. Que é isso, Lúcio?

B. Responda ou formule perguntas quando necessário.

■ Você sabe por que muitos animais de nossa fauna se encontram ameaçados de extinção?

____

■ Por que Antônio não treinou natação ontem?

____

- Os meninos não puderam me esperar porque tinham um compromisso urgente.

____

- Os grandes poluidores dos rios não quiseram participar de nossa reunião. Por quê?

____

- Antes eu era magra porque comia pouco e nas horas certas.

____

Ampliando horizontes

O texto 1 desta unidade é uma notícia sobre a chegada de uma família portuguesa à capital do estado do Rio Grande do Norte. Agora você vai ler uma outra notícia sobre essa mesma família, publicada num jornal português.

Volta ao mundo dentro de máquina fotográfica

Uma família de portugueses que está a dar a volta ao mundo para promover a cultura e a língua portuguesa vai percorrer o Brasil de norte a sul num caminhão transformado em máquina fotográfica.

O projeto inédito, denominado "Brasil pelo buraco da agulha", foi anunciado, quinta-feira, na embaixada de Portugal em Brasília.

A maior máquina fotográfica do mundo vai ocupar um espaço de quatro metros na

Caminhão usado por Mica Costa-Grande e Sofia Salgado em viagem pelo Brasil.

THYRONE BARBOSA DOMINGOS

Minha pátria é a língua portuguesa: famoso verso do poeta português Fernando Pessoa (1888-1935).

mediática: midiática.

mala do caminhão Volkswagen, concebido especialmente para a expedição brasileira, que deve começar em setembro próximo e terminar em fevereiro de 2007.

Os outros 3,5 metros da mala vão ser a "habitação" do fotógrafo Mica Costa-Grande, de sua mulher, Sofia Salgado, jornalista e produtora audiovisual, e dos dois filhos do casal, Elói, de 12 anos, e Sáskia, de 10.

"Esperamos fazer obras de arte de muito interesse nesta viagem pelo Brasil. E o interessante é que eu vou trabalhar agora dentro da máquina fotográfica", afirmou Mica Costa-Grande, que já expôs trabalhos na Suécia, Hong Kong, Macau e Portugal.

Segundo o fotógrafo, a máquina fotográfica de 60 metros cúbicos vai captar imagens panorâmicas durante todo o trajeto e fará fotos gigantes.

A viagem do Monte Roraima a Foz do Iguaçu faz parte da volta ao mundo que a família Costa-Grande iniciou em 2000, na China.

"Após percorrer setenta países, podemos afirmar que o mundo é muito mais bonito e seguro do que aparenta. A violência é uma criação mediática. Queremos mostrar a todas as crianças a beleza que existe no mundo. Meninos, preparem as mochilas... vamos dar a volta ao mundo", disse Mica.

Os filhos do casal, que, assim como os pais, são poliglotas, já aprenderam esta lição.

"Gostei de toda a viagem até aqui. Nem sei dizer do que gostei mais", disse Sáskia.

Conforme autoriza uma lei portuguesa de 1953, os dois irmãos recebem ensino doméstico, baseado em livros didáticos portugueses quando estão a viajar.

A família Costa-Grande já percorreu 3/4 do mundo e nos últimos dezoito meses conheceu as Américas, do Canadá à Argentina, num caminhão que ostenta o lema "Minha pátria é a língua portuguesa".

Adaptado de: *IOL Portugal Diário*, 4 ago. 2006. Disponível em: <http://diario.iol.pt/noticia.html?id= 713159&div_id=4071>. (Acesso em 28 abr. 2011).

1. Como é o dia a dia de Elói e de Sáskia?

2. Na sua opinião, quais devem ser as maiores vantagens e as maiores desvantagens do modo de vida de Elói e de Sáskia? Por quê?

3. Você gostaria de viver como essa família portuguesa? Por quais motivos?

4. Embora essa notícia e a que você leu na seção **Vamos ler 1** abordem o mesmo assunto, elas dão ênfase a aspectos diferentes dele. Que diferenças são essas?

Vamos escrever

Ouça uma notícia num jornal de rádio ou televisão e anote todas as informações que puder. Transforme essas informações em notícia escrita.

Antes, defina em que suporte ela vai circular e qual será o público leitor.

No primeiro parágrafo, dê as informações essenciais: o quê, quem, onde, quando e por quê.

O professor irá escolher quem vai ler a notícia para a classe. A classe deve verificar se as informações estão claras e se o texto está de acordo com o público para a qual a notícia foi escrita.

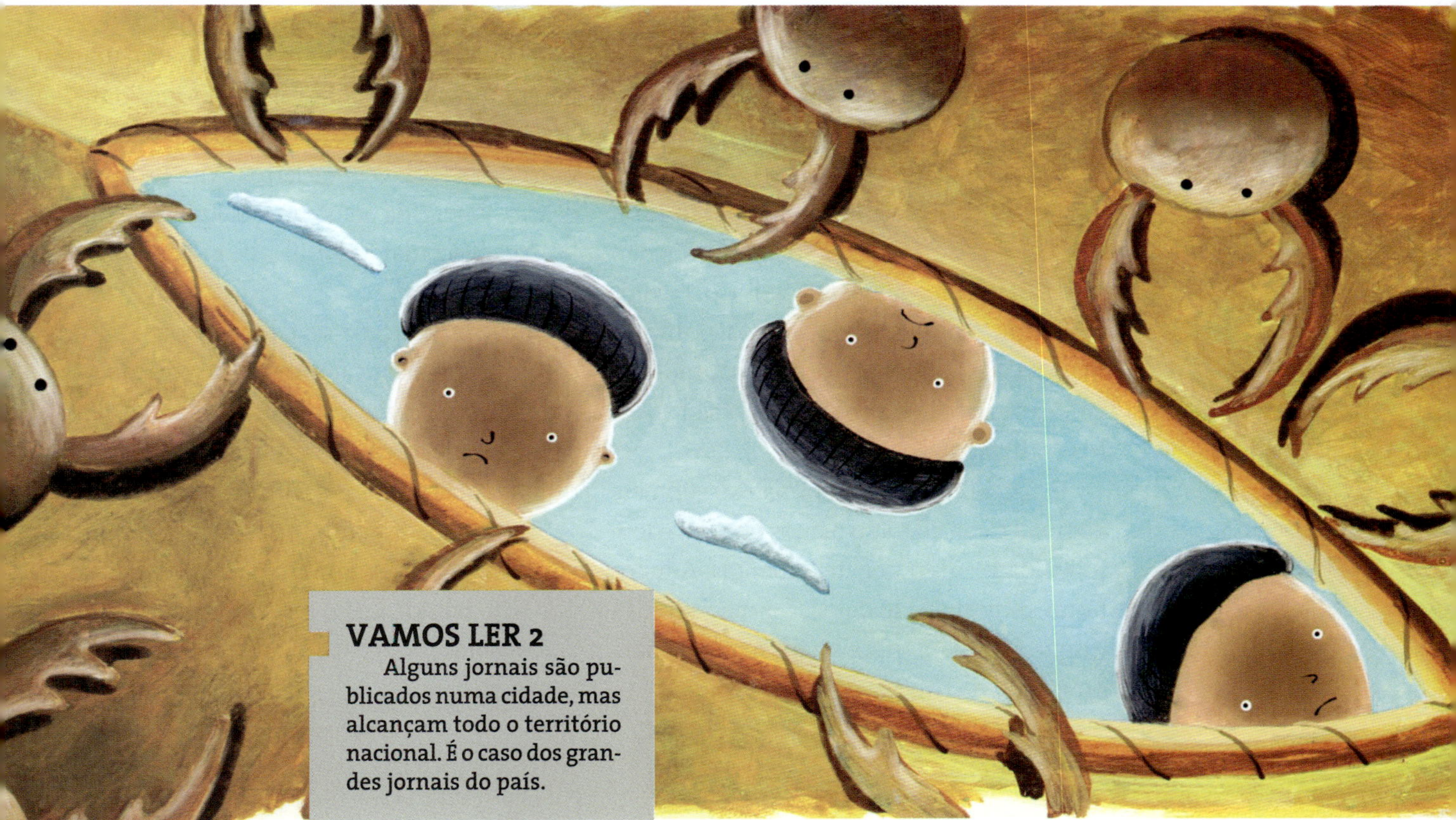

VAMOS LER 2

Alguns jornais são publicados numa cidade, mas alcançam todo o território nacional. É o caso dos grandes jornais do país.

Virando *adulto*

VAMOS LER AGORA UM TEXTO JORNALÍSTICO QUE MOSTRA A TRANSIÇÃO DA INFÂNCIA PARA A IDADE ADULTA ENTRE OS ÍNDIOS SATERÉS-MAUÉS.

EVANDRO LUIZ/ARQUIVO DA EDITORA

Os índios saterés-maués têm de se submeter à mordida dolorida de grandes formigas pretas, chamadas de tucandeiras, para provar para toda a tribo que já são homens. O ritual, que marca a passagem para a idade adulta, é chamado de "festa da tucandeira". Os garotos entre 10 e 15 anos vestem uma luva trançada de palha com dezenas de tucandeiras, famosas pela ferroada dolorida.

"Quando a gente mete a mão na luva da tucandeira parece que está pegando fogo, como se estivesse em um braseiro", diz o índio sateré-maué Manelito Sateré, que passou pelo ritual quando tinha 13 anos de idade.

Os índios dançam com as luvas durante cerca de quatro horas a cada dia de ritual. Ao todo são duas etapas de dez dias consecutivos, intercaladas por um descanso de dez dias. Os rituais ocorrem todos os anos entre agosto e outubro.

"Quando a gente tira a luva, o braço está suando sangue", diz Manelito Sateré, que vive na aldeia Andirá, em Barreirinha (cerca de 400 km a leste de Manaus). De acordo com ele, as formigas pretas representam, para os índios, mulheres disfarçadas. "Antes de pôr a mão na luva pela primeira vez, a gente sente um frio na barriga", diz Sateré. Segundo ele, as mordidas das tucandeiras

Funai: Fundação Nacional do Índio, órgão do governo que cuida das questões indígenas.

pajé: chefe espiritual indígena.

fazem do menino um homem. É importante que eles sejam virgens ao pôr a mão na luva pela primeira vez. "Dói menos", diz Sateré.

Segundo o administrador da Funai em Parintins (390 km a leste de Manaus), Lúcio Ferreira Menezes, os meninos não são obrigados a participar do ritual. "Quando eles veem os outros pondo a mão na luva, acabam tendo vontade de colocar também e provar que já são adultos", afirma.

Já Sateré diz que quem não se submete ao ritual é considerado menos homem e tem dificuldade em conseguir namorada. Adultos também gostam de colocar a mão na luva durante a festa. Demonstram sua força para o restante da tribo.

[...]

Todo o ritual é preparado pelo pajé. Primeiro, ele adormece as tucandeiras com um líquido preparado com caju. Adormecidas, dezenas de formigas são colocadas presas nos buracos da luva, com os ferrões virados para dentro. O pajé dá então uma baforada de tabaco para acordar as formigas e coloca a luva no menino.

A luva é trançada de tal forma que, se o garoto tentar arrancar, fica ainda mais apertada. O pajé canta os cantos sagrados do ritual, e todos os homens da aldeia dançam durante quatro horas seguidas.

Terminada a dança, os homens, com o corpo mole devido às mordidas, são tratados por suas namoradas e mães. É o momento de consolo.

MUGGIATI, André. *Folha de S.Paulo,* 21 out. 1996. Folhateen, p. 5-6. (Título nosso).

Reportagem

O texto *Virando adulto* é uma **reportagem**.

Reportagem é um texto jornalístico semelhante à notícia, mas mais aprofundado. Pode tratar de um acontecimento recente ou, como no caso de *Virando adulto,* ser o resultado de uma investigação sobre um tema considerado de interesse do leitor do veículo de comunicação em que será publicada.

Em geral, as reportagens contêm entrevistas, seja com as pessoas envolvidas no acontecimento relatado, seja de especialistas nas questões levantadas.

Vamos **entender** o texto

1. Complete os itens a seguir, sobre a reportagem *Virando adulto.*

A. O quê?

B. Quem?

C. Quando?

D. Onde?

E. Por quê?

2. Na reportagem *Virando adulto* duas pessoas são entrevistadas e dão seus depoimentos a respeito do ritual com as formigas.

A. Quem são essas pessoas?

B. Como podemos distinguir as palavras desses depoimentos das do autor do restante da reportagem?

3. Releia o trecho abaixo e tente dar o significado do termo *ritual*, com suas palavras. Se não conseguir, procure no dicionário.

[...] O **ritual**, que marca a passagem para a idade adulta, é chamado de "festa da tucandeira".

4. Transcreva do primeiro parágrafo o trecho que explica qual o objetivo dos garotos quando participam do ritual das tucandeiras.

EVANDRO LUIZ/ARQUIVO DA EDITORA

5. A respeito do ritual, responda:

A. Qual a duração diária? ______

B. Qual o número de etapas? ______

C. Qual a duração de cada etapa? ______

D. Qual o período de descanso entre as etapas? ______

E. Quantos dias dura o ritual, excluindo-se o período de descanso? Durante quantas horas, no total, os garotos ficam com as mãos nas luvas?

______

6. **Na sua opinião, por que um índio sateré-maué, para ser considerado adulto, deve passar pelo ritual das tucandeiras?**

______

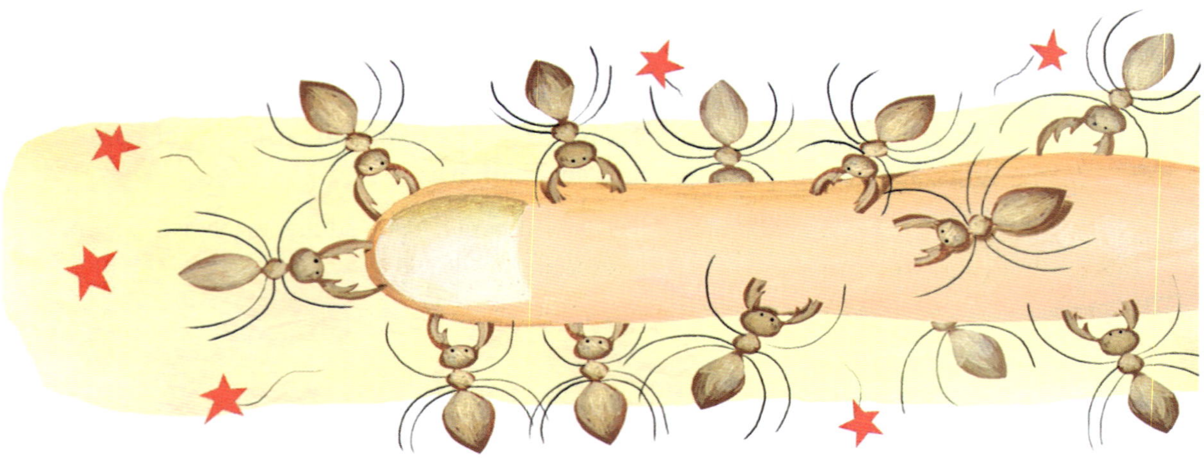

EVANDRO LUIZ/ARQUIVO DA EDITORA

Práticas de linguagem

1. **Observe esta transformação de frase:**

As formigas atacam o inimigo com **o ferrão.**

*As formigas atacam o inimigo com **ferroadas**.*

Faça o mesmo tipo de substituição nas frases propostas a seguir. Efetue adaptações quando necessário.

A. Os capoeiristas atacam o adversário com as pernas.

______

______

B. Os ursos atacam os inimigos com as patas.

______

______

C. Sem querer, a costureira feriu o cliente com a agulha.

D. Distraído, o operário machucou o dedo com o martelo.

E. Os vândalos atacaram armados de paus.

F. O sequestrador agrediu a vítima com a coronha do revólver.

G. O agressor atacou a vítima com a cabeça.

2. Observe a transformação:

Quando a dança termina, os homens são tratados por suas namoradas e mães.

Terminada a dança*, os homens são tratados por suas namoradas e mães.*

Faça a mesma transformação nas frases dadas. Efetue adaptações quando necessário.

A. Quando as formigas adormecem, são colocadas dentro das luvas.

B. Quando o ritual acaba, os meninos se tornam adultos.

C. Quando a luva é retirada, a mão está sangrando.

D. Quando o administrador da Funai foi questionado, disse que os meninos não são obrigados a participar do ritual.

E. Quando o jornalista foi consultado, manifestou entusiasmo pela reportagem sobre o ritual indígena.

As frases iniciadas por *quando*, da atividade anterior, indicam **tempo**: o momento em que os fatos aconteceram. As frases que você escreveu mantêm a ideia de tempo. São orações **reduzidas**, muito usadas em jornalismo. O espaço delimitado da notícia e a necessidade de comunicação rápida exigem do jornalista um texto enxuto e, ao mesmo tempo, claro e preciso.

3. Na atividade 2 da seção **Vamos entender o texto**, você viu que os depoimentos de Manelito Sateré e de Lúcio Ferreira Menezes são assinalados por meio de aspas. Observe que, além disso, as palavras dos entrevistados são sucedidas dos verbos *dizer* e *afirmar*:

"Antes de pôr a mão na luva pela primeira vez, a gente sente um frio da barriga", **diz** Sateré.

"Quando eles veem os outros pondo a mão na luva, acabam tendo vontade de colocar também e provar que já são adultos", **afirma**.

Esses verbos são chamados ***dicendi***, vocábulo de origem latina que significa "de dizer".

Os verbos de dizer servem para indicar a autoria das palavras entre aspas e podem precedê-las ou sucedê-las. São exemplos de **verbos de dizer**: *perguntar*, *exclamar*, *declarar*, *responder*, *retrucar*, *admitir*, *concordar*, *gritar*, *sussurrar*, etc. Esses verbos podem ser mais ou menos "neutros". Veja, nos exemplos abaixo, os **efeitos de sentido** que a simples troca do **verbo de dizer** pode conferir a um texto:

"Antes de pôr a mão na luva pela primeira vez, a gente sente um frio da barriga", **ressaltou** Sateré.

"Antes de pôr a mão na luva pela primeira vez, a gente sente um frio da barriga", **confessou** Sateré.

No primeiro exemplo, o verbo *ressaltar* dá a entender que Sateré se orgulha de ter mostrado a coragem necessária para passar no ritual, uma vez que se trata de algo que chega a dar "um frio na barriga".

Já no segundo exemplo, o verbo *confessar* faz supor que não é fácil, para Sateré, admitir que sentiu "um frio na barriga" diante da dura prova.

Substitua, nos itens a seguir, os **verbos de dizer** destacados por um dos que estão sugeridos entre parênteses.

A. Manita Juarez saiu do bote salva-vidas assustada e ofegante. "Espero nunca mais ter de passar por isso", **disse**. (lamentar, gritar, reclamar).

B. O recém-eleito prefeito de Traminópolis deu sua primeira entrevista depois da divulgação dos resultados nas urnas. "Cumprirei todas as minhas promessas de campanha", **disse**. (confirmou, alardear, ressaltar)

C. Depois de golear a equipe que está em primeiro lugar na tabela, o técnico do Romanos conversou com a imprensa. "Sempre acreditei no potencial de nosso time", **disse**. (vangloriar-se, desabafar, declarar).

D. Zizi Confete, a nova contratada do programa *Mais agito,* não quis atender aos pedidos de autógrafos de seus fãs. "Detesto assinar caderninhos", **disse**. (confessar, esnobar, cantarolar).

E. Nasceu ontem, no zoológico municipal, Ajax, o filhote da girafa Mina. O recém-nascido estava sendo aguardado com ansiedade pelos visitantes do parque. "Ajax é forte e saudável, apesar da idade avançada da mãe", **disse** Joanilse Torres, a veterinária que acompanhou o trabalho de parto. (comemorar, emocionar-se, confirmar).

4. Agora converse com seus colegas sobre as escolhas dos **verbos de dizer** que você fez na atividade anterior: que efeitos de sentido cada verbo conferiu às falas assinaladas entre aspas?

Conexão com Antropologia

Um ritual urbano

Vimos no texto 2 o ritual da "festa da tucandeira", a que os meninos saterés-maués se submetem para se tornar homens.

Em nossa sociedade há inúmeros rituais de passagem da infância para a idade adulta, só que indolores (pelo menos aparentemente). Kiki é uma menina que está com pressa de se tornar mulher, mas o seu "ritual" não dá muito certo. Observe abaixo:

ADÃO ITURRUSGARAI/ACERVO DO ARTISTA

ITURRUSGARAI, Adão. *Kiki*: a primeira vez. São Paulo: Devir, 2002. p. 9.

Vamos escrever com esquema

Vamos resumir o texto que você leu. Para isso, preencha o roteiro abaixo com os dados pedidos. Procure não fazer cópia e respeite o espaço reservado para cada parágrafo.

VIRANDO ADULTO

- **1º parágrafo:** coloque qual o objetivo do ritual e quem dele participa. Não se esqueça de dizer qual o nome do ritual.

- **2º parágrafo:** mostre quem prepara o ritual e como é feita a preparação.

- **3º parágrafo:** apresente o que ocorre durante e após cada dia de ritual.

Vamos relacionar os textos

Complete o quadro escolhendo entre as afirmativas propostas as que caracterizam cada texto. Se uma afirmativa servir para os dois textos, escreva-a nos dois lados do quadro.

- É uma narrativa de ficção.
- Apresenta informações a respeito de fatos.
- Apresenta narrativas inventadas por seus autores.
- Fala de um fato que ocorreu em local e data bem definidos.
- Fala de um fato que ocorre periodicamente.
- Usa travessões para indicar as declarações de pessoas envolvidas nos fatos.
- Usa aspas para indicar as declarações de pessoas envolvidas nos fatos.
- É uma reportagem.
- É uma notícia.

CAMINHÃO-CÂMERA CLICA PAISAGENS DA CIDADE	VIRANDO ADULTO

ILUSTRAÇÕES: EVANDRO LUIZ/ARQUIVO DA EDITORA

Vamos **conversar**

Para os índios saterés-maués, provar que são corajosos é fundamental para serem considerados adultos. Já para Kiki, a personagem da história em quadrinhos da página 162, para se tornar uma mulher adulta basta usar a maquiagem de sua mãe.

Troque ideias com seus colegas.

1. Para ser bem-aceito na turma, considerado um adolescente que não é mais uma criancinha, que características é preciso demonstrar?

2. Você acha que essas características são de fato importantes ou baseiam-se sobretudo em aparências e fatores exageradamente valorizados?

3. Caso vocês recebessem na classe um adolescente sateré-maué e tivessem de contar a ele como é o "rito de passagem" da infância para a adolescência de pessoas de sua geração, o que vocês diriam?

4. Esse "rito de passagem" é diferente para meninos e meninas? Em quê? Por quê?

Vamos **pesquisar**

Organizem-se em duplas ou trios de alunos: vocês vão pesquisar um rito de passagem praticado por uma comunidade, grupo religioso, pessoas de determinada faixa etária, etc. Seguem algumas sugestões.

- O ritual de passagem das meninas saterés-maués para a idade adulta.
- Bar-Mitzvá e Bat-Mitzvá (ritual judaico).
- "Passagem de corda" entre praticantes de capoeira.
- Baile de debutantes.
- A cerimônia do Mehandi (pintura corporal) entre as noivas indianas.
- A cerimônia do Seijinshiki (festa da maioridade, obtida aos 20 anos) entre os japoneses.

MICHAEL ZYSMAN/SHUTTERSTOCK/GLOW IMAGES

Pintura com *henna* aplicada em noiva na Índia.

Se preferirem, entrevistem um idoso de sua família e perguntem se, em sua juventude, viveu algo que pode ser considerado uma cerimônia de passagem para a idade adulta. Pergunte-lhe também se, na opinião dele, essa passagem, nos dias atuais, é muito diferente da vivida quando ele era jovem. Pergunte-lhe ainda se esse "ritual" era vivido de maneira muito diferente por homens e por mulheres.

Em sua pesquisa, procurem descobrir:

- quem costuma ou costumou praticar essa cerimônica ou ritual;
- onde é ou era praticada;
- qual o seu significado para aqueles que o praticam ou praticaram;
- desde quando essa cerimônia ou ritual é praticado e qual é sua origem;
- quais as etapas dessa crimônia ou ritual.

Anotem as informações e, se possível, coletem fotos para ilustrá-las.

Vamos escrever

Agora você e seu colega ou colegas vão escrever uma reportagem sobre a cerimônia pesquisada na seção **Vamos pesquisar**.

EVANDRO LUIZ/ARQUIVO DA EDITORA

- A reportagem será publicada num jornalzinho, *site* ou *blog* da escola.
- Como o público é amplo, sejam bem "didáticos": expliquem de maneira bem clara e simpática tudo o que descobriram sobre a cerimônia.

- Não se esqueçam de que os dados fundamentais devem aparecer no primeiro parágrafo e de que é preciso responder às informações básicas desse gênero de texto:

  QUEM?

  O QUÊ?

  QUANDO?

  ONDE?

  POR QUÊ?

- Para mostrar ao leitor a veracidade das informações pesquisadas, usem a citação, reproduzindo a fala dos entrevistados – o especialista no assunto ou a pessoa que vivenciou a cerimônia pesquisada – entre aspas e empregando verbos de dizer.
- Tentem imaginar que aspectos dessa cerimônia ou ritual poderão interessar a seu leitor.
- Escolham um título bem atraente para seu possível leitor interessar-se pela reportagem.
- Se o texto estiver muito longo, criem um intertítulo.
- Anexem ou colem as fotos que obtiveram na pesquisa ou na entrevista com o idoso.
- É importante legendar as fotos.

Auto-avaliação e reescrita

Troquem a reportagem escrita por seu grupo na seção **Vamos escrever** com outro grupo da classe: vocês farão uma leitura crítica das produções uns dos outros. Atentem para estes aspectos:

sim	não	
☐	☐	A reportagem dá conta dos cinco pontos básicos de um texto jornalístico (o quê, quem, quando, onde e por quê)?
☐	☐	O leitor consegue entender como é a cerimônia ou ritual apresentado pela reportagem?
☐	☐	A linguagem está adequada ao leitor do jornalzinho, *site* ou *blog* em que será publicada?
☐	☐	Há depoimentos de pessoas em sua reportagem?
☐	☐	As citações foram assinaladas com aspas e precedidas ou sucedidas de verbos *dicendi*, ou verbos de dizer?
☐	☐	As fotos ilustram bem a reportagem?

Retomem o texto que seus colegas comentaram e reescrevam-no, fazendo as modificações necessárias. Façam um painel de reportagens para o jornal, *blog* ou *site* da escola, escolhendo um texto para cada ritual focalizado. Escolham um nome para a reportagem e façam um texto conjunto a título de introdução.

Bibliografia geral

BAGNO, Marcos. *A norma culta:* língua e poder na sociedade brasileira. São Paulo: Parábola Editorial, 2003.

BLIKSTEIN, Isidoro. *Técnicas de comunicação escrita*. São Paulo: Ática, 1985.

BOSI, Alfredo. *História concisa da literatura brasileira*. São Paulo: Cultrix, 2006.

FARACO, Carlos Emílio; MOURA, Francisco Marto de; MARUXO JR., José Hamilton. *Gramática*. São Paulo: Ática, 2010.

FIORIN, José Luiz; SAVIOLI, Francisco Platão. *Para entender o texto*: leitura e redação. São Paulo: Ática, 1990.

____. *Lições de texto*: leitura e redação. São Paulo: Ática, 2006.

GUIMARÃES, Elisa. *A articulação do texto*. São Paulo: Ática, 1990.

LAGE, Nilson. *Linguagem jornalística*. São Paulo: Ática, 1985.

LANDSMANN, Liliana Tolchinsky. *Aprendizagem da linguagem escrita*. São Paulo: Ática, 1995.

PRETI, Dino. *Sociolinguística*: os níveis da fala, um estudo sociolinguístico do diálogo na Literatura Brasileira. São Paulo: Nacional, 1974.

RATHS, Louis E. *Ensinar a pensar*. São Paulo: Herder, 1973.

REVISTA *LÍNGUA PORTUGUESA*. São Paulo: Segmento.

RODARI, Gianni. *Gramática da fantasia*. São Paulo: Summus, 1982.